Tom Diesbrock

Lass mal locker

Tom Diesbrock

Vom klugen Umgang mit dem kleinen
Perfektionisten in unserem Kopf

Patmos Verlag

VERLAGSGRUPPE PATMOS

PATMOS
ESCHBACH
GRÜNEWALD
THORBECKE
SCHWABEN
VER SACRUM

Die Verlagsgruppe
mit Sinn für das Leben

Für die Verlagsgruppe Patmos ist Nachhaltigkeit ein wichtiger Maßstab ihres Handelns.
Wir achten daher auf den Einsatz umweltschonender Ressourcen und Materialien.

Alle Rechte vorbehalten
© 2021 Patmos Verlag
Verlagsgruppe Patmos in der Schwabenverlag AG, Ostfildern
www.patmos.de

Umschlaggestaltung und Innenlayout: Jule Kienecker
Illustration Perfektionist: © Sarah Humeniuk
Druck: Finidr s.r.o., Český Těšín
Hergestellt in Tschechien
ISBN 978-3-8436-1274-6 (Print)
ISBN 978-3-8436-1325-5 (eBook)

When too perfect, lieber Gott böse!

NAM JUNE PAIK

Inhalt

Goldene Regeln (aus dem ABC für den perfekten Perfektionisten) — 9
Herzlich willkommen! — 10
Bevor wir loslegen — 17

1. Kapitel
»Am liebsten würde ich alles perfekt machen!«
Wie wir uns (nicht) motivieren — 19

2. Kapitel
Instagram, Photoshop und die schöne neue Arbeitswelt –
echt schwierige Zeiten für kleine Perfektionisten — 29

3. Kapitel
Der kleine Perfektionist in IHREM Kopf — 39

4. Kapitel
Unsere Ich-Zustände und das innere Kuddelmuddel — 57

5. Kapitel
Wer ist der kleine Perfektionist – und warum ist er eigentlich klein? — 75

6. Kapitel
Tunnelblick adé – so gehen Sie klug mit Ihrem kleinen Perfektionisten um — 91

7. Kapitel
Fünf Schritte auf dem Weg zum inneren Kompass — 113

Tschüs — 140

Goldene Regeln
(aus dem ABC für den perfekten Perfektionisten)

1 **100 Prozent:** Gutes Mittelmaß

A **Wer A sagt,** muss auch Z sagen.

B **Bremse:** Auf der Überholspur braucht man keine Bremse (siehe auch: Vollgas).

Burn-out: Nur ein Problem für Versager.

C **Challenge:** Man sagt: »Challenge, yeah!« und nicht: »Was soll der Schwachsinn?«

E **Erfolg:** Wer erfolgreich sein will, sagt niemals Nein. Niemals!

Extrameile: Sei immer bereit, sie zu gehen – auch wenn du keinen Schimmer hast, wohin die Reise geht.

F **Feierabend:** Wer heute vor 20 Uhr das Büro verlässt, schläft morgen unter einer Brücke.

K **Körper:** Nur sehr attraktive Menschen werden geliebt.

M **Minderleister:** Menschen, die nicht in jeder Sekunde für ihren Job brennen.

P **Privatleben:** Wird generell stark überschätzt.

R **Reserve:** Die Nadel im roten Bereich bedeutet noch *lange* nicht, dass der Tank leer ist!

S **Selbstmanagement:** Nur die Harten kommen in den Garten.

V **Vollgas:** Der natürliche Seinszustand für Überflieger (siehe auch: Bremse).

U **Urlaub:** Ist dazu da, mal etwas entspannter zu arbeiten.

Z **Zufriedenheit:** Mit sich selbst zufrieden zu sein, ist der Anfang vom Ende.

Herzlich willkommen!

Ich freue mich, dass Sie zu diesem Buch gegriffen haben. Oder hat es Ihnen ein wohlmeinender Mensch in die Hand gedrückt, weil er denkt, dass Ihre Ansprüche an sich selbst zu hoch sind? Neigen Sie – zumindest ein klitzekleines bisschen – zum Perfektionismus? Oder sind Sie sich gar nicht sicher, ob dieser Begriff überhaupt für Sie passt. Würden Sie sich vielleicht eher als sehr sorgfältig oder qualitätsbewusst beschreiben?

Ich gebe zu, dass die Unterscheidung nicht immer leichtfällt. Allerdings ist die Sache ziemlich klar, wenn

- es uns schwerfällt, eine Aufgabe abzuschließen, weil wir glauben, es ginge irgendwie noch viel besser,
- uns schon die Vorstellung Bauchschmerzen macht, mal etwas nur 80-prozentig zu schaffen,
- wir ständig befürchten, dass unsere Leistungen nicht gut genug sind – oder dass wir selbst nicht gut sind, und
- uns deshalb meistens viel mehr anstrengen, als wir eigentlich müssten.

Und wir haben definitiv ein Perfektionismus-Problem, wenn wir mit viel zu hohen Messlatten unsere Lebensqualität dauerhaft einschränken und unsere Gesundheit gefährden. Weil wir beispielsweise viel zu viel Zeit am Arbeitsplatz verbringen, ständig unter Stress stehen, stets bemüht sind, allen Menschen alles recht zu machen oder exzessiv Sport betreiben, weil wir fürchten, sonst total unattraktiv zu sein.

 **Wie sieht es bei Ihnen aus?**

Nur Versager machen Fehler?

Durch meine Arbeit als Coach treffe ich viele Menschen, die – nicht nur im Job – unter ihren zu hohen Ansprüchen leiden. Einigen ist durchaus bewusst, dass ihre eigene Messlatte das Problem ist. Die Mehrzahl glaubt aber, nur auf den Druck von außen zu reagieren und deshalb gar nicht anders zu können. Weil zum Beispiel die Anforderungen im Job nun mal so hoch seien und die eigene Position gefährdet wäre, sobald man nur ein bisschen nachließe. Dann würden Degradierung und Kündigung drohen. Und Anerkennung durch Vorgesetzte und Kollegen gäbe es nur bei extrem hoher Leistung. Glauben viele.

Ja, mancher ist sogar fest davon überzeugt, nur dann liebenswert zu sein, wenn er nach außen ein makelloses Bild abgibt. Und häufig sind es die – vermeintlichen! – Erwartungen anderer, die jemand zum Maßstab seines Denkens macht und sich so gewaltig unter Druck setzt.

Denn Fehler zu machen, Schwäche zu zeigen und dafür kritisiert oder ausgelacht zu werden – das wäre der Super-GAU für Menschen mit starker Perfektionismus-Neigung. Und den gilt es für sie um jeden Preis zu vermeiden.

Man würde sie doch als Versagerin betrachten, wenn ihr im Job ein Fehler unterliefe, meinte mal eine Klientin ganz selbstverständlich. »Aber ich gebe natürlich alles, damit das auf keinen Fall geschieht!« Ihr sei tatsächlich seit Jahren kein Fehler mehr passiert, erklärte sie mir stolz. Nur hatte sie ihr Arzt gerade wegen Schlaflosigkeit und stressbedingter Kopfschmerzen krankschreiben wollen, was sie natürlich ablehnte.

Da können sich Freunde und Familie noch so viel Mühe geben, um jemanden zu überreden, mal einen Gang runterzuschalten: »Du leistest schon so viel und hast eine Menge erreicht! Man muss doch nicht immer der Erste sein. Denk doch auch mal an dich und deine Interessen. Vor allem an deine Gesundheit. Wenn du so weitermachst, landest du früher oder später in der Klinik.«

Legt man Ihnen vielleicht auch ans Herz, mal einen Gang runterzuschalten?

Perfektionismus als Lösung?

Wie ich Ihnen später noch genauer erklären werde, geraten Perfektionisten leicht in einen Teufelskreis: Ihr hoher Anspruch erhöht den Stresspegel, und dadurch verengt sich ihr Blickwinkel bis zum Tunnelblick. So starren sie nur noch auf Aufgaben und Messlatten, erkennen keine Alternativen mehr und können auch das eigene Denken kaum noch infrage stellen.

Dann erscheint der hohe Anspruch nicht als Problem, sondern als der einzige Ausweg! Man muss sich eben nur noch mehr Mühe geben, sich noch besser vorbereiten, noch mehr Zeit investieren und sich noch mehr anstrengen.

Perfektionismus als Lösung für das Problem, das man durch seinen Perfektionismus erst geschaffen hat? Was von außen, in den Augen der Freunde und Kollegen, wie kompletter Irrsinn aussieht, ist für den Betroffenen ganz logisch und selbstverständlich.

Haben Sie eine Idee, wovon ich spreche?

Bei Ihnen klingt es ja so, als sei Perfektionismus immer etwas Negatives.
Sie finden Perfektionismus positiv?
Natürlich! Schließlich sollte man immer sein Allerbestes geben. Und vor allem seine Arbeit muss man doch perfekt machen wollen, oder?
Wenn Sie einen hohen Anspruch an Ihre Arbeitsqualität haben und sie gewissenhaft

erledigen, ist das sicher positiv. Aber wenn Sie Ihre Messlatte zu hoch hängen, werden Sie doch kaum jemals zufrieden mit Ihrer Leistung sein können?

Das stimmt, zufrieden bin ich eigentlich nie mit mir. Aber soll man sich deshalb etwa gar keine Mühe geben? Sich nur noch einen lauen Lenz machen??

Das habe ich nicht gesagt ...

So wie einige meiner Kollegen, denen um 17.00 Uhr der Stift aus der Hand fällt? Die haben eine Arbeitsmoral, da graust es mich richtig. Dienst nach Vorschrift in Reinkultur! Und das finden Sie erstrebenswert?

Nein, natürlich nicht. Es klingt nur so, als ob es für Sie nur »Dienst nach Vorschrift« oder »Man muss seine Arbeit immer perfekt machen« gibt. Als müssten Sie immer mindestens hundert Prozent geben, um nicht so zu sein wie ihre unmotivierten Kollegen.

Und das ist nicht okay?

Na ja, es ist riskant, und ich vermute, es fördert kaum Ihre Lebensqualität.

Wieso riskant?

Wenn jemand ambitioniert und gewissenhaft ist, kann er sich auch mal mit achtzig Prozent zufriedengeben, wenn die Situation es erfordert. Ein Perfektionist hat aber keine Wahl. Weil ihm ständig die Angst im Nacken sitzt, nicht gut genug zu sein. Deshalb verbrennt er mehr Energie als er hat und ...

Also ich komme selten vor acht aus dem Büro und nehme mir ja auch gern Arbeit mit ins Wochenende!

Gern?

Nee, so toll finde ich das natürlich nicht. Aber die Arbeit muss ja nun mal erledigt werden. Und ich mache keine halben Sachen!

Okay.

Was ich abgebe, ist immer sehr gut!

Sie zahlen nur einen ziemlich hohen Preis dafür, oder?

Was bleibt mir denn anderes übrig? Ich will auf keinen Fall so sein wie meine Kollegen!!

Tja, das ist es, was Perfektionismus in meinen Augen so negativ macht: Er lässt keinen Spielraum. Und je mehr sich jemand anstrengt, desto enger wird sein Tunnel-

blick. Eigene Bedürfnisse nimmt er irgendwann gar nicht mehr wahr, und am Ende kippt so mancher einfach um.
Glauben Sie, das könnte mir auch passieren?
Auszuschließen ist es nicht, oder?
Aber was soll man denn machen!?

Wenn jemand glaubt, die einzige Alternative zum Immer-hundert-Prozent-Geben sei eine Mir-ist-sowieso-alles-egal-Haltung, ist das ein typisches Perfektionismus-Symptom. Durch so eine Schwarz-Weiß-Brille betrachtet, verwechselt man leicht Qualitätsanspruch und Sorgsamkeit mit einer ungesunden, viel zu hohen Messlatte. Gut sein zu wollen, ist eine Sache. Zu meinen, immer das Optimum leisten zu müssen, eine ganz andere.

Glauben Sie auch oft, gar nicht anders zu können, als mindestens hundert Prozent zu geben?

Perfektionismus oder Selbstverantwortung?

Um ihre bedingungslose Haltung zu begründen, verweisen Perfektionisten gern auf den steigenden Druck in der Arbeitswelt. Denn heißt es nicht heutzutage dort überall »schneller, höher, weiter«? 2018 gaben bei einer Umfrage des DGB 53 Prozent der Menschen an, sich häufig oder sehr häufig gehetzt zu fühlen. Die andere Seite der Medaille: Eine Studie der Techniker Krankenkasse zeigte 2016, dass 43 Prozent der Befragten als wichtigsten Stressfaktor ihren »zu hohen Anspruch an sich selbst« sahen.

In einer immer komplexeren (Arbeits-)Welt mag der Druck von außen wachsen. Größer wird aber auch die Notwendigkeit, selbstverantwortlicher zu arbeiten und zu leben. Noch vor dreißig Jahren waren viele Lebensbereiche reglementierter als heute und es gab deutlich weniger Wahlmöglichkeiten. Beispielsweise machte man sich früher bestimmt weniger Gedanken darüber, wie das optimale Sportprogramm oder die perfekte Ernährung auszusehen hatte. Man brauchte noch keine Vergleichsportale, um alltägliche Entscheidungen zu treffen. Und in der Arbeitswelt waren die Strukturen klarer, die Karrieremöglichkeiten begrenzter und der Wandel viel langsamer.

Heute müssen wir uns mit Themen wie Vertrauensarbeitszeit, Teilzeit- und Auszeitmodellen, Homeoffice, Projekt- und Leiharbeit, Agilität, lebenslangem Lernen und ständigen Umstrukturierungen herumschlagen. Was gestern galt, ist heute schon total veraltet.

Fühlen Sie sich auch manchmal von der schönen, neuen Arbeitswelt überfordert?

Der kleine Perfektionist in unseren Köpfen

Tja, es ist wirklich nicht gerade einfach, sich in unserer Welt zurechtzufinden und zu behaupten.

Ach was, alles ganz easy, meldet sich der kleine Perfektionist in meinem Kopf zu Wort. *Du musst doch nur immer besser werden, immer mehr leisten und alle Erwartungen erfüllen. Dann bist du auf jeden Fall auf der sicheren Seite, und dir kann nichts Schlimmes geschehen!*

Da ist er also: jener Teil unserer Persönlichkeit, dem ich dieses Buch widme. Diese Stimme in unseren Hirnen, die dafür sorgt, dass unsere Messlatte immer schön hoch liegt. Besser noch etwas höher. Die uns einredet, dass man Kritik und Scheitern vermeiden kann, indem man einfach immer 120 Prozent liefert. Ganz easy – aber wir zahlen dafür einen verdammt hohen Preis!

Wenn wir uns von unserem kleinen Perfektionisten steuern lassen, tun wir das meistens aus Unsicherheit. Wenn uns nämlich unklar ist, wie viel Engagement angemessen ist und wo wir besser eine Grenze setzen sollten.

Ich möchte jetzt mit Ihnen erforschen, was uns dazu motiviert, den Versprechungen unseres kleinen Perfektionisten zu folgen. Und Sie ermutigen, in Zukunft nach Ihrem eigenen Kompass zu navigieren – also herauszufinden, was Sie wollen und brauchen, wohin Sie sich entwickeln möchten und welche Werte und Ziele für Sie stimmig sind.

Ich wünsche Ihnen viel Freude beim Lesen und den Mut, Ihr Steuer endlich selbst in die Hand zu nehmen.

IHR
TOM DIESBROCK

PS: Sie merken schon – Ich schreibe in der altertümlich männlichen Form. Obwohl ich es eigentlich nicht mehr zeitgemäß finde. Nur lasen sich meine ersten Versuche, über die kleine Perfektionistin/den kleinen Perfektionisten geschlechtsneutral zu schreiben, so wenig flüssig, dass ich meine guten Absichten wieder aufgab.

Aber selbstverständlich spreche ich ALLE weiblichen, diversen und männlichen Menschen und Persönlichkeitsanteile gleichermaßen an. Ob also in Ihrem Kopf ein Perfektionist oder eine Perfektionistin, eine innere Kritikerin oder ein innerer Kritiker haust – schauen Sie am besten selbst.

Bevor wir loslegen

Sie können dieses Buch jetzt gemütlich durchlesen, sich Ihren Teil denken und dann beschließen, in Zukunft nicht mehr so perfektionistisch zu sein. Aber wird die gute Absicht allein schon etwas ändern? Wohl eher nicht. Denn unser Gehirn ist ein konservatives Ding, das lieber am vermeintlich Bewährten festhält, als sich von ein paar klugen Einsichten beeinflussen zu lassen. Erst wenn wir neue Denkweisen konsequent üben, nehmen unsere grauen Zellen sie in ihr Repertoire auf.

Deshalb habe ich dieses Buch für Sie nicht nur als Lese-, sondern vor allem als Arbeitsbuch geschrieben. Mir geht es darum, Ihnen nachhaltige Veränderungen zu ermöglichen, und die werden von Ihnen etwas Zeit und Engagement benötigen. Das sage ich nicht, um Sie abzuschrecken, ganz im Gegenteil. Ich bin nur kein Freund von schnellen Lösungen und vermeintlichen Abkürzungen, die am Ende nur zum Frust führen.

Deshalb habe ich zwei Bitten an Sie:

Bitte

beschränken Sie sich nicht darauf, zu lesen und die Aufgaben »nur in Gedanken zu erledigen«. Arbeiten Sie auf jeden Fall schriftlich, auch wenn das vielleicht ungewohnt ist. Oder es sich zuerst gar ein bisschen peinlich anfühlt, Ihre Gedanken aufzuschreiben.

Wirkliche Veränderungen erreichen wir nur, wenn wir unsere Gedanken und Gefühle erst einmal ernst nehmen – die konstruktiven genauso wie die destruktiven. Und dafür ist es sehr hilfreich, sie schriftlich festzuhalten. Außerdem engagieren wir uns deutlich mehr, wenn wir aufschreiben, was wir uns vornehmen und erreichen wollen. Legen Sie sich am besten sofort einen Stift parat.
Ja, ich meine tatsächlich: JETZT GLEICH. Okay?

Sie finden im Text überall Leerräume für Ihre Antworten und Gedanken. Bitte nutzen Sie ihn, kritzeln und malen Sie nach Herzenslust in das Buch. Zusätzlich ist es sinnvoll, sich ein Notizbüchlein zuzulegen für den Fall, dass der Platz hier nicht ausreicht. Und um auch Gedanken festhalten zu können, die Ihnen im Alltag in den Sinn kommen.

Bitte

versuchen Sie gar nicht erst, alle Aufgaben »perfekt zu machen« – auch wenn Ihr kleiner Perfektionist dies von Ihnen verlangen sollte. Sie sind hier nicht in der Schule und bekommen keine Fleißsternchen für besondere Anstrengungen. Machen Sie es lieber, so gut Sie können und wie es am besten für Sie passt.

Sorgt Ihr Perfektionist nicht sowieso dafür, dass Ihr Alltag oft viel zu stressig ist? Dann stressen Sie sich bitte mit diesem Buch nicht zusätzlich und packen die Aufgaben der Kapitel nicht noch oben auf Ihre To-do-Liste!

Besser, Sie nehmen sich wenige Ideen und Anregungen mit, die Sie tatsächlich umsetzen, als sich viel zu viel vorzunehmen – und dann nichts davon zu schaffen.

Okay?

1. Kapitel
»Am liebsten würde ich alles perfekt machen!« Wie wir uns (nicht) motivieren

Mein lieber, kleiner Perfektionist ...

Wie so oft, wenn ich mit der Arbeit an einem neuen Buch beginne, steht er schon bereit und schaut mir missmutig über die Schulter: mein kleiner Perfektionist. Er ist nämlich äußerst aufmerksam und meldet sich gern zu Wort mit Bemerkungen wie:

Das solltest du aber VIEL lustiger und origineller formulieren! Also, die Kapitelstruktur geht ja gar nicht, die musst du GANZ anders machen. Jetzt streng dich doch mal ein BISSCHEN an! Meinst du nicht, du solltest besser noch mal ganz von vorn beginnen? Ey, du kannst doch jetzt unmöglich schon Feierabend machen!

Schon als ich am Exposé arbeitete, lief mein Perfektionist auf Hochtouren. Denn er glaubt: *Besser gar kein Buch als eines, das nicht hundertprozentig überzeugt und begeistert.* Hätte ich auf ihn gehört, säße ich wohl noch immer schwer gefrustet an den ersten Zeilen. Oder hätte das Projekt schon längst aufgegeben.

... und sein Kumpel Hermann

Wenn sich mein kleiner Perfektionist zu Wort meldet, ist meistens auch ein anderer Teil meiner Persönlichkeit nicht weit, nämlich mein INNERER KRITIKER. Er steckt hinter dieser Stimme in unseren

Köpfen, die ständig an uns herumnörgelt und alles, was wir tun, fühlen und denken, ganz schrecklich blöd findet.

Ich vermute, Sie wissen, wovon ich spreche. Wenn wir diesen Teil unserer Persönlichkeit zu Wort kommen lassen, kritisiert er alles, was wir tun und sind. Niemals mäkelt er an anderen Menschen herum, sondern ausschließlich an uns. Wir sind ihm zu dumm, zu alt, zu unflexibel, zu dick, zu dünn, zu langsam und überhaupt … Ich habe meinem inneren Kritiker vor einiger Zeit den Namen HERMANN gegeben und ihm sogar ein Buch gewidmet.

Vielleicht haben Sie auch schon festgestellt, dass destruktive Selbstkritik oft begleitet wird von einem sehr hohen Anspruch an sich selbst: Wir kritisieren uns selbst, finden, dass wir nicht gut genug sind – und gleichzeitig glauben wir, uns viel, viel mehr anstrengen zu müssen. Oder wir verlangen umgekehrt extrem viel von uns selbst und resignieren dann schnell, weil wir es uns nicht zutrauen.

Man könnte also – zugegeben etwas salopp – feststellen, dass innerer Kritiker und der kleine Perfektionist richtig gute Kumpel sind und ein super Team:

Innerer Kritiker: Du bist sowieso nicht gut genug.
Kleiner Perfektionist: Aber du hast eine Chance, wenn du alles perfekt machst und perfekt bist.
                         - PAUSE -
Innerer Kritiker: Nee, das reicht aber noch lange nicht.
Kleiner Perfektionist: Aber du hast eine Chance, wenn du GANZ …
Innerer Kritiker: Nee, das wird nix.
Kleiner Perfektionist: Streng dich gefälligst trotzdem an!

Karotten

Während der eine uns also die Karotte vor die Nase hält und von uns verlangt, immer schneller zu rennen, kritisiert uns der andere dafür und meint, dass wir doch wirklich dumme Esel sind.

Auch wenn uns unsere Neigung zu Selbstkritik und Perfektionismus durchaus bewusst ist – wir fallen trotzdem nur allzu leicht immer wieder auf sie herein. Dann hängen wir unsere Messlatte viel zu hoch, strengen uns an, bis wir nicht mehr können, und sind trotzdem ungnädig mit uns. Manche Menschen lassen sich von ihren »inneren Pappenheimern« sogar völlig blockieren. So wie eine Kollegin von mir, die seit Jahren immer neue Buchideen produziert. Sehr interessante, finde ich. Aber sie verwirft jede einzelne davon mit dem Argument: »Also WENN ich schon ein Buch schreibe, muss es auch RICHTIG gut sein!«

Sie weigert sich, mit einem Verlag oder Agenten auch nur mal über ein Konzept zu sprechen. Dafür müsse es viel ausgereifter sein, meint sie, man würde sie ja sonst auslachen. Ich vermute, sie wird ihre Pläne eines Tages resigniert aufgeben. Obwohl sie so gern eine Buchautorin wäre.

Als ich mal vorsichtig anmerkte, dass sie es sich aber auch sehr schwer macht mit ihren hohen Ansprüchen, lautete ihre empörte Antwort: »Nein, mein hoher Anspruch hilft mir doch nur dabei, ein richtig gutes und erfolgreiches Buch zu schreiben!« Na ja, wenn sie es denn jemals schriebe …

Sie erinnern sich bestimmt an Waldorf und Statler, die beiden ständig nörgelnden Opas aus der Muppet Show? So ähnlich wird mein Kritiker-Perfektionisten-Team wahrscheinlich an dem Tag, wenn ich dieses Buch abgebe, feststellen: *Das hättest du aber viel, viel besser machen können!*

Und was sagt Ihr innerer Kritiker?

Wie sieht es bei Ihnen aus? Was sind typische Sätze, mit denen Ihr innerer Kritiker Ihnen gern in die Parade fährt? Was kritisiert er an Ihnen besonders oft oder heftig?

Geht so etwa Motivation?

Stellen Sie sich vor, Sie würden ein Team leiten und wollten erreichen, dass jeder sein Bestes gibt. Würden Sie von Ihren Leuten verlangen, immer mindestens 120 Prozent zu leisten? Und sie gleichzeitig runterputzen und ihre Arbeit ständig kritisieren? Zwar gibt es Führungskräfte, die tatsächlich meinen, dass man auf diese Weise Menschen motiviert. Sie bewirken damit aber vor allem Angst und einen hohen Krankenstand, denn so funktioniert Motivation natürlich nicht.

Trotzdem gehen viele Menschen genauso mit sich selbst um. Sie machen sich Druck, üben sich in destruktiver Selbstkritik und wundern sich, wenn sie sich so müde und demotiviert fühlen.

Als gute Führungskraft erwarten wir zwar Leistung von unseren Mitarbeitern, geben ihnen aber klare Ziele vor, die sie auch erreichen können. Und wir achten darauf, dass sie sich diese Ziele zu eigen machen und sich mit ihnen identifizieren können. Weil INTRINSISCHE MOTIVATION bekanntlich viel positiver wirkt als Druck von außen. Die beste Motivation ist aber, Menschen nicht ständig zu demotivieren. Und das gilt auch im Umgang mit uns selbst. Wenn wir nämlich ständig zu viel von uns selbst verlangen und uns gleichzeitig kritisieren, machen wir noch den letzten Rest an Motivation in uns kaputt.

Ich kenne aber auch Menschen, die sehr gut darin sind, sich selbst zu motivieren:

Anna

ist eine Bekannte von mir und schon lange als Künstlerin erfolgreich. Mich fasziniert, mit wie viel Leidenschaft und Interesse sie in ihrer Tätigkeit aufgeht. Vermutlich arbeitet sie an kaum einem Tag weniger als zehn Stunden und häufig auch am Wochenende. Sie verbringt sogar manche Nacht in ihrem Atelier, wenn sie mal wieder kein Ende findet.

Anstatt ein Werk abzugeben, das in meinen Laienaugen schon vollkommen ist, nimmt sich Anna oft noch Tage und Wochen, um an Kleinigkeiten zu feilen. Ohne Rücksicht auf wartende Galeristen, Kunden und ihre eigene Zeit. Nicht weil sie befürchtet, man könnte vielleicht unzufrieden mit ihrer Arbeit sein. Und ihr sitzt auch, soweit ich das beurteilen kann, kein innerer Kritiker im Nacken. Im Gegenteil, Anna ist wirklich eine sehr selbstbewusste Frau, die sich nicht so leicht verunsichern lässt.

Würde ich sie als Perfektionistin bezeichnen? Eher als jemanden mit sehr hohem Qualitätsbewusstsein. Denn sie strengt sich nicht an, weil sie glaubt, das zu MÜSSEN. Nein, Anna WILL gut sein, aus tiefstem Herzen, ohne dass es für sie Stress bedeutet.

Flow!

Der Psychologe MIHÁLY CSÍKSZENTMIHÁLYI (Besser, Sie versuchen nicht, diesen Namen auszusprechen.) interviewte in den siebziger Jahren Tausende von Menschen überall auf der Welt. Fließbandarbeiter, die unter ärmsten Bedingungen lebten, genauso wie Ärzte, Forscher oder Unternehmer. Er wollte erforschen, was Menschen zu ihrer Arbeit motiviert, und seine Ergebnisse waren überraschend: Würden wir nicht vermuten, dass jemand mit einem anspruchsvollen, kreativen und gut bezahlten Job viel zufriedener sein müsste als ein Mensch, der für wenig Geld eine einfache, stupide Arbeit erledigt?

CSÍKSZENTMIHÁLYI fand aber heraus, dass die Arbeitszufriedenheit wenig zu tun hat mit den Bedingungen und der Art des Jobs. Überall traf er nämlich hoch motivierte und zufriedene Menschen, die eines gemein hatten: Sie bemühten sich sehr, auch die schlichteste Tätigkeit immer noch ein wenig besser zu machen und ihre Fertigkeiten zu steigern. Dabei waren sie hoch konzentriert und so vertieft in ihre Arbeit, dass sie darüber Zeit und Raum vergaßen. Perfektion war für diese Menschen anscheinend Ansporn und Leidenschaft. Aber nicht, weil man das von ihnen verlangte, sondern, weil sie es wirklich wollten.

Diesen Zustand, in dem man vollkommen in seinem Tun aufgeht, nennt man FLOW. Vielleicht haben Sie auch schon erlebt, wie Sie alles um sich herum vergessen, weil Sie so sehr in eine Tätigkeit vertieft waren? Ganz egal, ob man sich dabei auf ein komplexes Problem konzentriert, ein Puzzle zusammenbaut oder ein besonderes Gericht kocht. In so einem FLOW-Zustand fühlen wir uns sehr, sehr gut – wie ein Kind, das ganz in sein Spiel vertieft ist und darüber die Zeit und sich selbst völlig vergisst.

Ich vermute, dass auch Anna bei ihrer Arbeit in so einen Zustand gerät. Ganz anders als …

... Karin

Sie ist eine Klientin von mir, die als Grafikerin in einer großen Werbeagentur arbeitet – genau wie Anna nicht selten zehn Stunden täglich, häufig auch nach Feierabend und am Wochenende. Auch Karin versucht ständig, alles, was sie tut, noch ein bisschen besser zu machen. Allerdings sucht man bei ihr vergebens nach FLOW-Erlebnissen und guten Gefühlen. Ganz im Gegenteil.

Karin setzt sich ständig selbst gewaltig unter Druck, weil sie befürchtet, dass ihr Chef, die Kunden oder Kollegen mit ihrer Arbeit nicht zufrieden sein könnten. Manchmal ist sie sich sogar ganz sicher, dass man sie kritisch beäugt. Was wirklich absurd ist, denn noch nie hat sich jemand negativ über ihre Arbeit geäußert. Alle sind stets vollkommen zufrieden mit dem, was sie abliefert. Trotzdem ist Karin extrem gestresst und alles andere als glücklich.

Auf meinen Vorschlag, ihre Messlatte und damit den Druck vielleicht mal ein wenig zu senken, entgegnete sie reflexhaft: »Man ist ja nur deswegen halbwegs zufrieden mit mir, weil ich mich so anstrenge! Das Blatt würde sich sicher sofort wenden, wenn ich nur mal ein bisschen nachließe.« Tja.

Manchmal glaubt Karin sogar, eine »Blenderin« zu sein. Würde ihre Umgebung nur mal genauer hinschauen, wäre sie schnell entlarvt. Wie der Kaiser im Märchen, als die Menschen plötzlich feststellen, dass er gar keine Kleider trägt. Das könne ihr auch passieren, meint sie – dass man sie durchschaut und erkennt: »Die kann ja überhaupt nichts!« Also tut Karin alles, um so ein zutiefst peinliches Szenario von vornherein zu verhindern.

Miese Messlatten

Offensichtlich liegen Welten zwischen dem, was Anna bei ihrer Arbeit erlebt, und Karins Gefühlen und Gedanken. Als ich Karin einmal von Anna erzählte, meinte sie empört, man könne ihre Arbeitsbedingungen doch nun wirklich nicht mit der einer freiberuflichen Künstlerin vergleichen! Sie müsse es schließlich so vielen Leuten recht machen und so viele Erwartungen erfüllen. Der Druck nehme täglich zu, und: »Da draußen warten jede Menge junger Grafikerinnen, die für viel weniger Geld meinen Job machen würden!«

Nicht, dass Sie mich falsch verstehen: Ich habe absolut nichts gegen ambitionierte Ziele oder hohe Messlatten. Aber ich bin kein Fan von Messlatten, die nur zwei Markierungen kennen, nämlich NICHT GUT GENUG und PERFEKT.

Gute Messlatten motivieren uns und ermöglichen Erfolgserlebnisse. Wenn ich mir beispielsweise vornehme, im nächsten Sommer einen Marathon zu laufen, und dafür trainiere, um schrittweise besser zu werden, ist das toll. Wenn ich aber von mir als Couch-Potato verlange, schon am nächsten Wochenende den Marathon zu schaffen – und mich dann runtermache, weil ich so unfit bin, ist das nicht gerade klug. Und alles andere als motivierend.

Schwarz-weiße Messlatten?

Wie sieht es bei Ihnen aus: Verwenden Sie für sich und Ihre Leistungen auch manchmal solche schwarz-weißen Messlatten? Fallen Ihnen dazu Beispiele aus Ihrem Leben ein?

Perfektionismus und Selbstwert

Wenn ich also erreiche, was ich mir vorgenommen habe, und sei es nur ein kleiner Schritt auf dem Weg dorthin, fühlt sich das gut an. Denn das Belohnungszentrum in meinem Kopf wird aktiviert und löst Glücksgefühle aus.

Das klappt in der Regel ganz gut, wenn man zum Beispiel seine Wohnung aufräumt, einige Zeit geputzt und gesaugt hat und schließlich zufrieden mit seiner Leistung ist. Man wusste vorher, was man erreichen wollte – kein Besuch in Aussicht, also reichte das »mittelgründlich« auf der Messlatte. Durch diesen »Erfolg« wird das Selbstbild darin gestärkt, ein aktiver Mensch zu sein, der sich selbst und sein Leben in der Hand hat. Selbstwirksamkeit nennt man das auf Psychologisch.

Jetzt eine ganz andere Szene: Klaus bekommt abends Besuch von einigen Kollegen. Da er annimmt, dass sie sehr hohe Ansprüche haben und bestimmt in durchgestylten und klinisch reinen Wohnungen leben, setzt er sich gewaltig unter Druck:

»Wenn ich es nicht schaffe, ein perfektes Bild abzugeben, werden die sich ganz sicher das Maul über mich zerreißen. Und vielleicht sogar feststellen, dass ich es ja auch im Job nicht so genau nehme. Oh Gott!«

Also putzt und räumt Klaus stundenlang. Im Nacken dabei immer sein kleiner Perfektionist, der ihm bunte Szenen beschreibt von seinen Nase rümpfenden Kollegen. Irgendwann kann er nicht mehr, ist erschöpft, und außerdem wird die Zeit knapp. Klaus' kleiner Perfektionist ist aber noch gar nicht müde, und dann gesellt sich natürlich auch noch sein innerer Kritiker dazu:

Es sieht hier ja immer noch aus wie bei Hempels unter'm Sofa. Du bist eben eine Schlampe! Was sollen nur deine Kollegen denken …

Als die Gäste schließlich eintreffen, ist Klaus abgekämpft und hat keine Lust mehr. Am liebsten würde er sie gar nicht reinlassen. Ein lustiger Abend wird das für ihn natürlich nicht. Und er geht allen auf die Nerven, weil er sich ständig entschuldigt für das Essen und seine Wohnung und überhaupt. Seine Kollegen denken am Ende wahrscheinlich: »Armer Kerl, der hat aber gar kein Selbstvertrauen.«

Tja, so sorgt ein kleiner Perfektionist dafür, dass das Selbstbewusstsein nicht gerade in den Himmel wächst. Und weil man dadurch so gestresst ist, kommt man gar nicht auf die Idee, seine perfektionistischen Vorstellungen mal zu überprüfen – und wahrscheinlich als totalen Quatsch zu entlarven.

Wenn ich Klienten zu ermutigen versuche, ihre hohen Messlatten infrage zu stellen, kommt nicht selten der Einwand: »Sie mögen ja recht haben, aber das kann ich nicht. Sie wissen doch, wie schlecht mein Selbstwertgefühl ist.«

Dabei wird andersherum eher ein Schuh draus: Denn in Wahrheit »erarbeitet« man sich einen schlechten Selbstwert, indem man seine Messlatten schön hoch legt, daran scheitert und dann dem inneren Kritiker die Deutungshoheit überlässt.

Und Ihr Selbstwert?

Geht Ihnen etwas zum Thema Selbstwert durch den Kopf, was Sie festhalten möchten?

2. Kapitel
Instagram, Photoshop und die schöne neue Arbeitswelt – echt schwierige Zeiten für kleine Perfektionisten

Im letzten Kapitel haben wir gesehen, wie wichtig es ist, sich selbst zu motivieren, indem man sich an den eigenen, differenzierten Messlatten orientiert. So weit, so klar. Aber warum fällt uns das eigentlich so schwer? Warum setzen wir uns so oft unter Druck und landen immer wieder in unserem Hamsterrad?

Das liegt einerseits an alten, eingeschliffenen Denkmustern, die wir uns später noch genauer anschauen werden. Eine wichtige Rolle spielt dabei aber auch die Welt, in der wir heute leben. Die macht es uns nämlich nicht gerade leicht, uns in ihr zurechtzufinden und zu behaupten. Nicht, dass früher alles besser war – aber sehr anders. Und die Geschwindigkeit, mit der sich unsere Welt wandelt, hat deutlich zugenommen.

Ich kann deshalb nachvollziehen, wenn sich viele Menschen heute überfordert fühlen. Und damit sind sie leicht verführbar für die »Lösungen«, die ihr kleiner Perfektionist für sie parat hat. Auch wenn die uns hauptsächlich Stress, schlechte Laune und vielleicht eine »schöne« Zeit in der Burn-out-Klinik bescheren …

»Is' alles so schön bunt hier …«,

sang Nina Hagen einst im letzten Jahrtausend. Und seitdem ist es bei uns noch viel, viel bunter geworden und viel schöner! Oder ist eher der Schein schöner geworden?

Als ich begann, am Konzept für dieses Buch zu arbeiten, war meine Aufmerksamkeit auf alles gerichtet, das irgendwie mit dem Thema Perfektionismus zu tun hat. Was mir dabei besonders ins Auge fiel: die vielen Bilder, Geschichten und Filme von glücklichen Menschen, die scheinbar ein perfektes Leben leben. Sie begegnen uns überall. Social Media, Werbung, Magazine, Bücher – von allen Seiten erfahren wir, wie man stylisch lebt und wohnt und jede Menge Geld verdient mit kreativen, abgefahrenen Jobs. Und wir natürlich alle viel jünger und sportlicher aussehen können.

Kein Wunder, dass mancher sich fragt, was er falsch macht, wenn er dem vermeintlichen Standard nicht entspricht und sein Leben nicht so toll läuft.

Plattformen wie Instagram oder Facebook werden ja gern genutzt, um von sich und dem eigenen Leben ein rundum glückliches Bild zu zeigen. So wie man es von Promis kennt, präsentiert man sich, seine Familie, die neuesten hochpreisigen Anschaffungen und den letzten unglaublichen Urlaub. Alles in den allerschönsten Farben. Nur vielleicht ein bisschen zu bunt, um glaubhaft zu sein. Man kann über so viel Selbstmarketing lächeln, aber viele Menschen verunsichert solche zur Schau gestellte Großartigkeit. Denn bei ihnen kommt vor allem an: »So muss ich auch sein, um dazuzugehören und andere mich für glücklich und erfolgreich halten.«

Mein kleiner Perfektionist ist jedenfalls schwer beeindruckt von so viel Schönheit und Erfolg. Und fordert von mir: *So ein perfektes Leben, das brauchen wir unbedingt auch!*

Mein kleiner Perfektionist liebt Photoshop!

Klar, als halbwegs intelligente Menschen durchschauen wir den schönen Schein und stehen natürlich über dem Schönheitswahn, oder? Können wir uns davon wirklich ganz frei machen? Und lassen wir uns nicht leicht verunsichern, wenn wir ohnehin gerade mental etwas wackelig sind oder unter Selbstzweifeln leiden? Unsere Neigung zum Perfektionismus wird dadurch ganz sicher noch angestachelt.

Wie wir gleich noch sehen werden, ist unser kleiner Perfektionist tatsächlich »mental klein«, denn er ist ein Überbleibsel aus Kindertagen. Durch seine kindlichen Augen betrachtet, verschwimmen die Unterschiede zwischen Realität und Fake, zwischen Machbarem und Illusion leicht. Dann vergleichen wir uns und unser Leben mit Menschen aus der Hochglanzwelt von YouTube oder der Klatschpresse. Oder im Fitnessstudio mit durchtrainierten Zeitgenossen, die mindestens zwanzig Jahre jünger sind als wir. Und schneiden dabei – oh, Wunder – nicht sonderlich gut ab.

Deshalb liebt mein kleiner Perfektionist Photoshop! Damit bearbeitet, sieht ein Bild von mir so aus, wie er meint, dass ich aussehen müsse: nämlich faltenfrei und jung. Als Erwachsener finde ich es ziemlich traurig, wenn man so einem verzerrten Ideal hinterher träumt – obwohl man weiß, dass man es niemals erreichen wird.

Unsinn!, mischt sich mein Perfektionist sofort ein. *Du musst doch nur täglich ins Fitnessstudio gehen, nie mehr ungesund essen und dich vom plastischen Chirurgen rundum erneuern lassen.*

Miese Mütter und Superfood

Kennen Sie den Hollywoodfilm BAD MOMS? Darin geht es um Frauen, die eines Tages keine Lust mehr haben, das Bild perfekter Mütter abzugeben. Anstatt selbst gebackener Bio-Muffins servieren sie auf dem Kindergeburtstag gekauften Kuchen. Und ein durchgestyltes Unterhaltungsprogramm gibt es auch nicht. Damit ernten sie natürlich pures Entsetzen bei den anderen stets perfekten Müttern.

Zeitgenossen, die sich permanent um die eigene Selbstoptimierung drehen, gibt es ja leider nicht nur in Hollywood. Manchmal vertrauen mir Menschen an, wie verunsichert sie sind von solchen »perfekten« Vätern, Müttern, Familien, Nachbarn oder Kollegen, bei denen scheinbar alles optimal läuft. Und die ständig daran arbeiten, noch ein bisschen »optimaler« zu werden.

In dieselbe Kerbe schlagen Ratgeber, Glücksgurus und Influencer, die von uns verlangen, uns zu optimieren. Weil sich ja alle anderen auch ständig weiterentwickeln. Wer möchte schon dahinter zurückbleiben? Also isst man besser nur noch Superfood und trainiert nach den allerneuesten, allereffektivsten Trainingsprogrammen – weil einfach Sport und gesundes Essen längst nicht mehr reichen.

Dabei fällt mir ein, was ein Klient mir neulich entsetzt von seiner neuen Chefin berichtete. Die hatte sich ihrem Team gerade vorgestellt und ganz selbstverständlich ihre Erwartung verkündet, dass man bei ihr immer 120 Prozent zu leisten habe. Und Ziele gelte es nicht nur zu erreichen, sondern natürlich überzuerfüllen!

Was sie damit konkret meinte? Das verstand niemand. Aber alle waren schwer verunsichert, und niemand traute sich nachzufragen. Denn wer will schon als »Underperformer« oder »nicht leistungsbereit« gelten? Oder als »miese Mutter«?

Das liebe Leid mit dem Vergleichen

Eigentlich könnte es uns ja schnurzpiepegal sein, wie andere Menschen sich, ihre Erfolge und ihr Glück präsentieren. Wenn da nicht diese dämliche Angewohnheit wäre, die den meisten von uns das Leben schwer macht: das Vergleichen. Ich vermute, Sie vergleichen sich auch gelegentlich mit Ihren Mitmenschen?

Ist der Garten des Nachbarn gepflegter als meiner? Sieht mein Freund besser aus als ich? Kann es sein, dass meine Kollegin kompetenter ist? Alle meine Bekannten fahren flottere und neuere Autos. Und warum können die sich ständig Fernreisen leisten, während ich Urlaub im Harz mache?

Nein, solche Gedanken erhöhen nicht unbedingt die Lebensfreude. Aber warum vergleichen wir uns trotzdem so häufig? Ich kann mir vorstellen, dass es eine ganz archaische Funktion erfüllt: nämlich unseren Platz in der Welt zu bestimmen. Damit wir wissen, wo wir auf dem Affenfelsen – eher oben oder unten – hingehören. Vielleicht auch, um uns so anzustacheln, besser zu werden und aufzusteigen zu den höheren Affen.

Mit der richtigen Haltung können Vergleiche ja auch durchaus hilfreich sein: Wenn ich mich beispielsweise weiterentwickeln möchte und mich dazu an Menschen orientiere, die mir in der gewünschten Hinsicht etwas voraushaben. Wenn eine Kollegin ihre Arbeit besonders gut organisiert und ich von ihr lernen möchte. Oder wenn ein Freund schon länger joggt und ich mich mit ihm messe, um selbst besser zu werden. Solche Vergleiche machen mich nicht klein und entmutigen mich nicht, sondern sie geben mir Rückenwind.

Aber wir alle wissen: So läuft es eben leider nicht immer. Viel zu oft stellen wir Vergleiche an, bei denen wir nur schlecht abschneiden können und die uns kein bisschen motivieren. Macht es beispielsweise Sinn, wenn ich meine Buchverkäufe mit denen eines internationalen Bestsellerautors vergleiche? Oder mein Hobby-Klavierspiel mit dem eines Profis? Eher weniger.

So kultiviere ich nur die Illusion, dass meine Umwelt viel kompetenter, sportlicher und sowieso viel glücklicher ist, als ich es bin. Mag ich dann noch genauso gern Klavier spielen oder über ein neues Buch nachdenken? Wohl kaum.

Hinter solch destruktiver Vergleicherei stecken meistens verunsicherte, kindliche Teile unserer Psyche. So wie mein innerer Kritiker (ungefähr fünf Jahre alt) nur zu gern Vergleiche anstellt, bei denen ich besonders mies abschneide. Und mir so sein armseliges Bild von mir mal wieder bestätigt. Was natürlich sofort meinen kleinen Perfektionisten anstachelt …

Mich zu vergleichen und deshalb immer mehr anzustrengen, führt mich nur in einen Teufelskreis. Denn ich werde immer jemanden finden, gegen den ich schlecht abschneide und damit mein negatives Selbstbild bestätige.

Glücksforscher haben festgestellt: Bekommt jemand eine Gehaltserhöhung, steigt seine Glückskurve an. Erfährt er aber gleichzeitig, dass der Kollege eine höhere Gehaltserhöhung erhalten hat, sinkt sein Glücksempfinden sogar. Obwohl er ja objektiv etwas hinzugewonnen hat. Schräg, oder? Aber so ticken wir nun einmal.

Kleine Frage zwischendurch:

Mit wem oder was vergleichen Sie sich, um schlechte Laune zu bekommen?

Früher war alles besser!
Jedenfalls für kleine Perfektionisten

Das Hauptbetätigungsfeld vieler kleiner Perfektionisten ist die Arbeitswelt, weil es dort ja um Leistung, Erfolg, Ziele, Anerkennung und Erwartungen geht. Themen also, bei denen man schlecht abschneiden könnte und deshalb eine extrem hohe Messlatte benötigt.

Ich vermute, vor fünfzig Jahren hatten es kleine Perfektionisten im Job noch leichter. Bestimmt gab es damals auch schon eine Menge Leistungsdruck, aber die Verhältnisse waren klarer. Es drehte sich noch nicht alles um FLACHE HIERARCHIEN, PERFORMANCE und CHANGE MANAGEMENT. Nein, es gab Ansagen und klare Erwartungen, und wenn man nicht gerade goldene Löffel klaute, wurde man – jedenfalls in großen Unternehmen – regelmäßig »befördert«. Otto Normalmalocher brauchte sich selbst und seine Leistung noch nicht permanent zu optimieren und zu verkaufen. Auf den Begriff SELBSTMARKETING hätte man wahrscheinlich nur mit einem Stirnrunzeln reagiert.

Der Arbeitsmarkt war damals noch herrlich übersichtlich. Es gab eine überschaubare Auswahl an Berufen, für die man entweder eine Ausbildung machen oder studieren musste. Für die meisten Menschen war ziemlich klar, was die Arbeitswelt ihnen anbot und von ihnen verlangte. Und was für uns heute unvorstellbar ist: Es gab Konstanz und Verlässlichkeit! Man konnte davon ausgehen, dass die Jobprofile und Branchen sich nur sehr gemächlich entwickelten – mancher machte gar bis zur Rente mehr oder weniger denselben Job.

Unvorstellbar, oder?

Unsere schöne neue Arbeitswelt

sieht nämlich ein kleines bisschen anders aus:
- Geregelte Arbeitszeiten? Sind total out. Wir haben Gleit- und Vertrauensarbeitszeiten. Wir werden nicht mehr kontrolliert, sondern erledigen das selbst.
- Die strikte Trennung zwischen Arbeits- und Freizeit ist voll retro. Es liegt jetzt an uns, wo und wann wir arbeiten wollen. Gern am Abend und am Wochenende, und im Urlaub sind wir natürlich erreichbar.
- Wir dürfen (und sollten) uns ständig neu erfinden. Wer morgen noch dasselbe tun will wie heute, ist ein Dinosaurier. Wir arbeiten in immer neuen Projekten, haben Zeitverträge und dürfen auch gern mal selbstständig sein – wie es uns und dem Arbeitsmarkt gerade passt.

- Und warum immer am selben Ort arbeiten? Wir sind doch jung und flexibel und wechseln gern mal die Stadt oder den Kontinent. Wir sind immer dort, wo die Arbeit ist.
- Die letzten Umstrukturierungen sind noch gar nicht umgesetzt, da verkündet der Vorstand schon die nächsten »aufregenden Veränderungen«. Und morgen? Wird der Laden wahrscheinlich sowieso verkauft …

Es gibt sicherlich Menschen, die erst richtig aufblühen, wenn alles um sie herum in Bewegung und die Zukunft offen ist. Die meisten von uns brauchen aber ein gewisses Maß an Ordnung und Kontinuität, um sich sicher und handlungsfähig zu fühlen.

Erscheint Ihnen Ihre Arbeitswelt manchmal unübersichtlich?

Oder gar chaotisch? Sind Sie manchmal unsicher, wohin Ihre berufliche Reise geht? Wünschen Sie sich mehr Klarheit und Orientierung?

Wonach navigieren?

Die alten Seefahrer konnten nach den Sternen navigieren, weil deren Konstellation ja stets konstant bleibt. Sterne, die sich chaotisch bewegten, würden zur Navigation kaum taugen, logisch. In einer sich nur langsam entwickelnden, übersichtlichen Welt war es ähnlich: Man konnte sich an den äußeren Bedingungen orientieren und sich auf Erwartungen einstellen.

Unsere heutige chaotische Welt bietet uns dagegen zwar viele Freiheiten, aber kaum Fixpunkte, an denen wir uns orientieren können. Und niemand kann uns verlässlich sagen, wohin die Reise geht. Klar, es mangelt nicht an Einschätzungen von Arbeitsmarktexperten – nur, die widersprechen sich nicht selten und ihre Prognosen verändern sich schneller als die Schuhmode.

So viel äußere Unsicherheit macht es uns wirklich schwer, einen klaren Kopf zu behalten. Und je unklarer es in unseren Köpfen zugeht, desto alarmierter reagieren ängstliche, unsichere Teile unserer Persönlichkeit. Zu denen ja auch unser kleiner Perfektionist zählt. Ist es da ein Wunder, wenn der versucht, uns »Orientierung auf seine Art« zu vermitteln? Die hat den großen Vorteil, sehr klar und sehr einfach zu sein: *Streng dich mehr an, mach um Gottes willen keine Fehler, und halte dich daran, was andere von dir erwarten!*

An diese schlichten Regeln können wir uns auch im schlimmsten Stress halten, und das gibt uns Sicherheit. Aber um welchen Preis?

Wir brauchen unseren eigenen Kompass

Dass wir heute mehr Freiheit und Selbstverantwortung haben, ist ja an sich nicht verkehrt – jedenfalls solange man eine einfache psychologische Regel beachtet:

Je weniger Strukturen im Außen, um uns herum, desto mehr innere Struktur brauchen wir. Klingt logisch, oder?

Bietet mir also meine Umgebung wenig Sicherheit, bleibt mir nichts anderes übrig, als innere Gewissheiten zu entwickeln, an die ich mich halten kann. Und wenn mir niemand Werte und Ziele vermittelt, muss ich eigene Werte und Ziele entwickeln und verfolgen. Nur sollten diese natürlich etwas erwachsener und angemessener sein als die Ziele meines kleinen Perfektionisten.

Dazu muss ich lernen, einen kühlen Kopf zu behalten, um mich von ihm nicht verrückt machen und ins Hamsterrad treiben zu lassen. Mir selbst nur immer wieder einzureden: *Jetzt sei doch mal weniger perfektionistisch und hör einfach auf, dich an anderen zu orientieren*, reicht nicht aus. Außerdem brauche ich meinen eigenen inneren Kompass, der mir hilft, mich zu orientieren.

Dass dies nicht ganz leicht zu lernen ist, ahnen Sie wahrscheinlich schon. Aber es ist auf jeden Fall machbar. Gleich werde ich Ihnen erklären, wie Sie lernen, das Steuerrad in die Hand zu nehmen – und nicht wieder loszulassen.

Aber vorher schauen wir uns gemeinsam IHREN kleinen Perfektionisten genauer an.

3. Kapitel
Der kleine Perfektionist in **Ihrem** Kopf

In diesem Kapitel möchte ich Ihnen dabei helfen, Ihre ganz persönliche Neigung zum Perfektionismus einzuordnen und deren Hintergründe besser zu verstehen. Dazu habe ich für Sie einen kleinen Test entwickelt, der zwar keinen wissenschaftlichen Anspruch hat, Ihnen aber bestimmt einige interessante Einblicke vermitteln wird.

Es geht dabei nicht um die Frage, wie stark Ihr Perfektionismus generell ausgeprägt ist, sondern wir schauen uns vier Faktoren an, die dabei eine wichtige Rolle spielen. Welche das sind, erfahren Sie später mit Ihrem Ergebnis.

Sind Sie bereit?

Dann beantworten Sie bitte die folgenden 32 Fragen möglichst spontan und ehrlich. Auf jede können Sie mit STIMMT EHER und STIMMT EHER NICHT antworten. Denken Sie nicht lange darüber nach, was wünschenswert wäre oder was Sie für vernünftig halten. Denn dann bekämen Sie natürlich kein realistisches Feedback, sondern ein Bild Ihrer Wunschvorstellungen.

Meine Freunde würden mir wohl raten, öfter mal lockerzulassen.	trifft eher zu	O	**A**
	trifft eher nicht zu	O	A
Ich weiß meistens, was andere von mir erwarten.	trifft eher zu	O	**B**
	trifft eher nicht zu	O	B
Ich vergleiche meine Leistungen häufig mit denen anderer Menschen.	trifft eher zu	O	**D**
	trifft eher nicht zu	O	D
Wenn ich einen Fehler mache, verurteile ich mich dafür.	trifft eher zu	O	**C**
	trifft eher nicht zu	O	C
Freunde sagen, ich erwarte zu viel von mir selbst.	trifft eher zu	O	**B**
	trifft eher nicht zu	O	B
Mir fehlen Zeiten, um mich zu erholen.	trifft eher zu	O	**A**
	trifft eher nicht zu	O	A
Ich neige dazu, meine Leistungen negativ zu bewerten.	trifft eher zu	O	**C**
	trifft eher nicht zu	O	C
Ich sage / denke eher »ich muss« als »ich will«.	trifft eher zu	O	**A**
	trifft eher nicht zu	O	A
Mir ist sehr wichtig, dass andere Menschen ein positives Bild von mir haben.	trifft eher zu	O	**D**
	trifft eher nicht zu	O	D
Wenn ich etwas nicht gut mache, denke ich noch sehr lange darüber nach.	trifft eher zu	O	**C**
	trifft eher nicht zu	O	C
Die Anerkennung meiner Kollegen und Freunde motiviert mich sehr.	trifft eher zu	O	**D**
	trifft eher nicht zu	O	D

Man sollte sich immer bemühen, sein Allerbestes zu geben.	trifft eher zu trifft eher nicht zu	O O	**B** B
Ich vermute, dass ich mich mehr anstrenge als die meisten Menschen, die ich kenne.	trifft eher zu trifft eher nicht zu	O O	**A** A
Andere Menschen trauen sich selbst mehr zu als ich mir.	trifft eher zu trifft eher nicht zu	O O	**C** C
Kritisiert zu werden, ist für mich sehr schlimm.	trifft eher zu trifft eher nicht zu	O O	**D** D
Ich vermeide neue Erfahrungen oder Projekte, weil ich glaube, ihnen nicht gewachsen zu sein.	trifft eher zu trifft eher nicht zu	O O	**C** C
Ich denke auch in der Freizeit viel über meine Leistung nach.	trifft eher zu trifft eher nicht zu	O O	**A** A
Ich wünschte, ich könnte mich mehr entspannen.	trifft eher zu trifft eher nicht zu	O O	**A** A
Ich bin meistens zufrieden mit mir.	trifft eher zu trifft eher nicht zu	O O	B **B**
Ich glaube, dass andere Menschen generell hohe Erwartungen an mich haben.	trifft eher zu trifft eher nicht zu	O O	**D** D
Wenn mir etwas nicht gut gelingt, denke ich schnell, dass ich ein Versager bin.	trifft eher zu trifft eher nicht zu	O O	**C** C
Ich denke oft darüber nach, ob ich etwas richtig oder falsch mache.	trifft eher zu trifft eher nicht zu	O O	**B** B

Ich arbeite nur selten länger als ich muss.	trifft eher zu	O	A
	trifft eher nicht zu	O	**A**
Es fällt mir schwer, eine Aufgabe abzuschließen, weil ich unsicher bin, ob ich sie gut genug erledigt habe.	trifft eher zu	O	**B**
	trifft eher nicht zu	O	B
Andere Menschen wären enttäuscht, wenn sie wüssten, wie ich wirklich bin.	trifft eher zu	O	**C**
	trifft eher nicht zu	O	C
Wenn ich nicht zu den Besten gehöre, nehme ich lieber gar nicht erst teil.	trifft eher zu	O	**D**
	trifft eher nicht zu	O	D
Ich habe ziemlich klare Vorstellungen davon, wie mein Leben in einigen Jahren sein soll.	trifft eher zu	O	B
	trifft eher nicht zu	O	**B**
Ob Menschen mich mögen und anerkennen, hängt vor allem von meiner Leistung ab.	trifft eher zu	O	**D**
	trifft eher nicht zu	O	D
Wenn ich etwas tue, vergesse ich dabei oft, an mich und meine Bedürfnisse zu denken.	trifft eher zu	O	**A**
	trifft eher nicht zu	O	A
Ich denke oft, dass andere Menschen mich überschätzen.	trifft eher zu	O	**C**
	trifft eher nicht zu	O	C
Ich ärgere mich oft über mich selbst, weil ich nicht alles gegeben habe.	trifft eher zu	O	**B**
	trifft eher nicht zu	O	B
Ich denke viel darüber nach, was wohl andere über mich denken.	trifft eher zu	O	**D**
	trifft eher nicht zu	O	D

Auswertung

Sie haben es geschafft – jetzt müssen Sie nur noch Ihr Ergebnis ermitteln. Ihnen sind bestimmt die Buchstaben A, B, C und D aufgefallen. Sie stehen für die vier Perfektionismus-Faktoren, die getrennt voneinander gezählt werden.

Zählen Sie bitte nur die farbigen Buchstaben, wenn Sie sie angekreuzt haben – die schwarzen lassen Sie außer Acht. Addieren Sie jeweils alle A-, B-, C- und D-Antworten, und übertragen Sie Ihre Ergebnisse dann in diese Grafik:

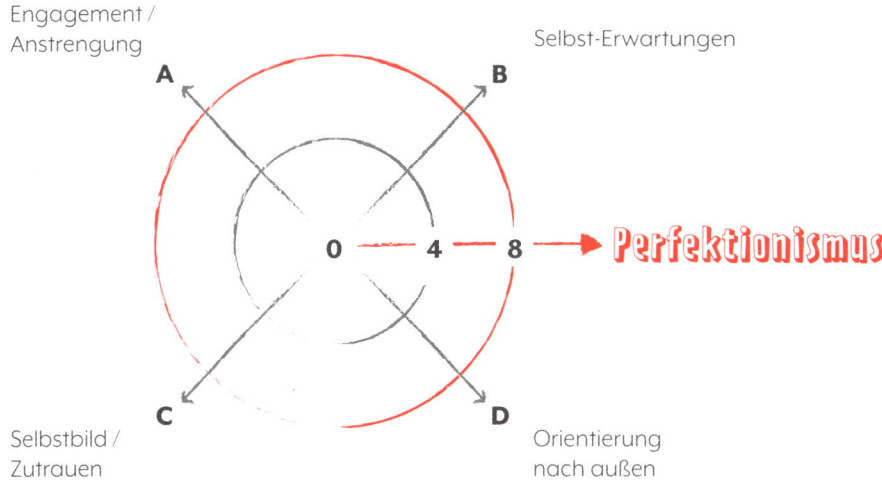

Das sagt Ihr Testergebnis über Sie aus:

Der A-Faktor: Engagement
Wie sehr strengen Sie sich an?

Wenn man Menschen bittet, sich möglichst glückliche Situationen vorzustellen, kommt vielen erst einmal süßes Faulenzen in den Sinn. DOLCE FAR NIENTE heißt das in Italien. Hauptsache, gar nichts tun zu müssen, chillen, unter Palmen liegen oder auf der Couch.

Das mag schön und gut sein – für ein paar Stunden oder Tage. Auf Dauer macht uns aber auch das allersüßeste Nichtstun nur unzufrieden. Ohne Bewegung, Aktivität und Engagement werden wir schlaff und depressiv.

Unsere Lebensqualität steigt dagegen an, wenn wir uns für eine Sache so richtig ins Zeug legen. Zum Beispiel wenn ein großes Ereignis ansteht wie eine Hochzeit oder ein Turnier. Oder wenn wir im Job mehr als sonst gefordert werden, sich beispielsweise alles um ein wichtiges Projekt dreht. Besonders gut fühlt es sich natürlich an, wenn wir ganz mit dem Herzen dabei sind, wie wir im ersten Kapitel beim Thema FLOW gesehen haben. Dann erreicht der Adrenalinspiegel ungeahnte Höhen, wir sind innerlich angespannt und brauchen weniger Schlaf als sonst. So können wir uns ganz auf unser Projekt konzentrieren und blenden alles aus, was uns nicht unmittelbar wichtig erscheint – sogar vitale Bedürfnisse wie Hunger oder Durst.

Für solche Phasen sind unser Körper und unsere Psyche gut ausgerüstet. Wir können einige Tage oder gar Wochen auf Hochtouren arbeiten, eine Stunde hoch intensiv trainieren, viele Kilometer joggen oder mit einer schwierigen Aufgabe unsere grauen Zellen zum Glühen bringen. Unsere inneren Systeme haben überhaupt kein Problem, für eine Weile 120 Prozent zu geben.

Allerdings nur DANN,

wenn wir danach auch ausreichend Zeit haben, um uns zu erholen und unsere Batterien wieder aufzuladen. Es wäre zum Beispiel – jedenfalls für uns Normalsportliche – idiotisch, am Tag nach einem Marathon sofort den nächsten laufen zu wollen. Denn unsere Systeme sind nicht dafür gebaut, auf Dauer Höchstleistungen zu liefern.

Trotzdem ist dies für viele Menschen selbstverständlich. Vor allem im Job findet es mancher ganz normal, über lange Zeit im roten Bereich zu fahren, sogar monatelang mit fast leerem Tank. Man gönnt sich kaum Erholung und nimmt hin, dass keine Zeit mehr bleibt für ein soziales Leben, Sport oder Hobbys. Bestimmt kennen Sie auch Leute, die ständig davon sprechen, was sie alles tun MÜSSEN, und nie davon, was sie WOLLEN? Die 24 Stunden am Tag unter Strom zu stehen scheinen?

Oft steckt Perfektionismus dahinter, wenn jemand überengagiert ist und sich generell zu sehr anstrengt. Was allerdings nicht jeder Betroffene auch merkt.

Der A-Faktor dieses Tests soll daher zuerst einmal klären, wie sehr Sie sich – im Job oder in anderen Lebensbereichen – engagieren und anstrengen. Je höher Ihre Punktzahl, desto größer das Risiko, dass Sie es übertreiben. Womöglich weil Sie mehr von sich verlangen, als gut und gesund für Sie ist.

Allerdings kann auch für einen sehr niedrigen Wert der innere Perfektionist verantwortlich sein: Es gibt nämlich Menschen, die von ihrer eigenen hohen Messlatte derart eingeschüchtert sind, dass sie sich gar nicht erst bemühen, sie zu erreichen, sondern passiv bleiben und resignieren.

Dann macht zum Beispiel jemand überhaupt keinen Sport, weil er glaubt, eigentlich einen perfekten Körper haben zu müssen – aber das sowieso nicht hinbekommt. Oder jemand drückt sich vor Aufgaben und Projekten, da er Angst hat, ihnen nicht gewachsen zu sein – jedenfalls gemessen an den eigenen viel zu hohen Ansprüchen.

Selbstcheck

Ist Ihr Punktwert hier im oberen Bereich? Dann möchte ich Sie bitten, kurz innezuhalten, sich für diese beiden Fragen ein paar Minuten zu nehmen und sich einige Stichworte zu Ihren Gedanken zu notieren.

In welchen Lebensbereichen strengen Sie sich zu sehr an?

Welchen Aufgaben / Themen räumen Sie viel mehr Zeit ein, als gut für Sie ist?

Bitte nutzen Sie für Ihre Gedanken auch Ihr Notizheft, wenn der Platz hier nicht ausreichen sollte.

Der B-Faktor: Selbst-Erwartungen
Wie genau kennen Sie Ihre Erwartungen an sich selbst?

Ich will meinen Kindern unbedingt eine gute Mutter sein. Niemals sollen sie erleben, was ich mit meiner Mutter erleben musste. Immer nörgelte und kritisierte sie an mir herum, ich fühlte mich nie wirklich okay, bis heute. Schrecklich! Deshalb möchte ich es mit meinen Kindern alles ganz anders machen.
Was bedeutet es denn für dich, eine gute Mutter zu sein?
Für alles Verständnis zu haben. Meine Kinder sollen immer wissen, dass sie bei mir an erster Stelle stehen. Nie sollen sie an meiner Liebe zweifeln. Und vor allem: Sie sollen alles machen können, was sie wollen, ich werde immer hinter ihnen stehen!
Und wenn deine Tochter zwölf ist, sich tätowieren lassen will oder allein durch Europa trampen?
Na ja, das würde ich wohl nicht zulassen. Oder sollte ich das? Ich will doch auf keinen Fall so rigide und verständnislos wie meine Mutter sein!
Deine Vorstellungen klingen, ehrlich gesagt, ziemlich grenzenlos und unklar. Meinst du, damit gibst du deinen Kindern eine gute Orientierung?
(resigniert) Ich will doch nur alles richtig machen ...

So sehr ich nachvollziehen kann, dass jemand aus Angst, nicht gut genug zu sein, immer alles richtig machen möchte – wahrscheinlich erreicht man damit eher das Gegenteil. So wie das Sprichwort sagt, dass GUT GEMEINT das Gegenteil von GUT ist.

Wie kann man eine »perfekte Mutter« sein? Oder ein immer verständnisvoller Chef, hilfsbereiter Kollege, zur Seite stehender Freund, liebevoller Partner ...? Wenn einem gar nicht klar ist, was man selbst darunter versteht?

Menschen, die mit solchen Erwartungen an sich selbst ganz selbstverständlich umgehen, haben meistens gar keine genaue Vorstellung, was sie damit konkret meinen. Geschweige denn, wie sie ihr hohes Ziel überhaupt erreichen wollen.

Binäre Messlatten

Wenn ich mit Menschen mit sehr hohen Selbst-Erwartungen spreche, benutzen sie dafür selten differenzierte Messlatten. Bei den meisten gibt es nämlich nur zwei Einteilungen wie: NICHT GENUG und SUPER. Sich anhand solcher BINÄREN Messlatten zu orientieren und selbst zu managen, ist aber alles andere als produktiv.

Jemand übernimmt zum Beispiel eine neue, komplexe Aufgabe und macht sich – ohne sie überhaupt schon in allen Details durchdacht zu haben – zum Ziel, sie perfekt und super erfolgreich zu erledigen. Er will alle Beteiligten zufriedenstellen, besonders natürlich seine Vorgesetzten. Klasse Plan, findet er. Und stürzt sich euphorisch in die Arbeit.

Nur stößt er bald auf Probleme und Hindernisse, mit denen er gar nicht gerechnet hatte. Außerdem sind seine Lösungen und Ideen nicht immer so brillant und stoßen auf nicht so viel spontane Begeisterung wie erhofft. Er ist enttäuscht von sich selbst, und seine Euphorie lässt nach. Also strengt er sich nur noch mehr an, investiert noch mehr Zeit in sein Projekt und arbeitet auch die Wochenenden durch.

Gleichzeitig sieht er sich selbst aber immer skeptischer und seine Erfolgsaussichten pessimistischer. Er fragt sich: *Was, wenn ich es vermassele?* Sein Stress nimmt logischerweise zu, und seine Angst vor dem Scheitern wird immer lauter – und möglicherweise zur selbsterfüllenden Prophezeiung. Sollte er tatsächlich scheitern, würde es wohl, zumindest zum Teil, an seinen UNKLAREN SELBSTERWARTUNGEN liegen.

So nenne ich diesen zweiten Faktor: Er beschreibt, wie differenziert unsere Vorstellungen von Zielen, uns selbst und unseren Leistungen sind. Ein hoher Punktwert weist Sie darauf hin, dass Sie zu unklaren, wahrscheinlich oft schwarz-weißen Zielen und Vorstellungen neigen.

Je undifferenzierter diese sind, desto größer ist das Risiko, dass Sie schon in der Perfektionismus-Falle sitzen. Wenn Sie sich nämlich selbst managen mit nebligen Zielvorstellungen wie BESSER, GENAUER, PERFEKT, OPTIMAL, KREATIVER, SEHR ERFOLGREICH, zeigt das nur, dass Sie im Grunde viel zu ungenau navigieren. Und damit riskieren, sich unnötig unter Stress zu setzen und Ihre Erfolgschancen zu gefährden.

Je differenzierter Ihre Erwartungen an sich selbst sind, desto leichter fällt es Ihnen, sich Ihren Zielen schrittweise zu nähern, weil Sie sich Zwischenziele setzen können. Kleine Erfolge auf dem Weg motivieren und bestärken Sie.

Mit schwammigen Selbst-Erwartungen ist das aber kaum möglich. Eher haben Sie dann das Gefühl, Ihren Zielen genauso wenig näher kommen zu können wie einer Fata Morgana.

Selbstcheck

Liegt Ihr Punktwert hier im oberen Bereich? Dann möchte ich Sie wieder bitten, sich etwas Zeit zu nehmen für die folgenden beiden Fragen und natürlich Ihre Antworten schriftlich festzuhalten.

Wenn Sie an Ihre Arbeit denken: Wie klar sind Ihnen die Ziele, an denen Sie sich täglich orientieren?

Wo fordern Sie (nicht nur im Job) von sich selbst Leistungen oder Eigenschaften, die Sie gar nicht genau definieren?

Bitte nutzen Sie auch Ihr Notizheft, wenn der Platz hier nicht ausreichen sollte.

Der C-Faktor: Selbstbild
Wie positiv sind Ihr Selbstbild und Ihr Zutrauen in sich selbst?

Meine Coaching-Praxis liegt in einem schönen, etwas verwinkelten Hinterhof und ist nicht ganz leicht zu finden. Es kommt deshalb vor, dass jemand beim ersten Besuch die Hinweisschilder übersieht, in einem Nachbarbüro klingelt und den Weg zu mir erfragen muss. Eigentlich kein großes Ding, aber einigen meiner Besucher ist dies richtig unangenehm. Nicht, dass sie mir böse sind, weil ich nicht für eine bessere Beschilderung sorge – das würde ich ja noch verstehen. Nein, es ist ihnen peinlich, sich verlaufen zu haben.

Noch bevor wir uns begrüßen, höre ich dann Selbstverurteilungen wie: »Es tut mir leid, mein Orientierungssinn ist schrecklich, ich bin auch wirklich zu dumm ...« Dann weiß ich schon, dass wir uns im Coaching mit dem Thema SELBSTWERT beschäftigen werden.

Wie wir uns selbst bewerten – positiv oder negativ, differenziert oder pauschal, selbstfürsorglich oder anklagend –, ist wie eine gefärbte Brille, durch die wir uns selbst und unsere Alltagserfahrungen betrachten. Wenn ich glaube, nicht gut genug zu sein, ist das natürlich alles andere als angenehm. Ich könnte mein Selbstbild überprüfen: Bin ich wirklich so schlecht, wie ich reflexhaft annehme?

Die meisten Menschen gehen einem ehrlichen Selbstcheck aber lieber aus dem Weg. Und fragen auch nicht andere, wie man sie von außen sieht. Denn ihre negativ gefärbte Brille lässt es ihnen als Gewissheit erscheinen, wie die Antwort ausfallen würde. Eben mies.

Viele Menschen mit geringem Selbstwert verfallen deshalb auf eine einfache Strategie, um zumindest ein etwas besseres Bild abzugeben: Sie strengen sich extrem an, versuchen, alles perfekt zu erledigen, selbst möglichst perfekt zu sein und anderen alles recht zu machen. Solange sie aber ihre verzerrte Brille nicht abnehmen, bringt das wenig. Denn sie werden trotz aller Mühe kaum zu dem Schluss kommen, ein wertvoller, kompetenter Mensch zu sein.

Um zu verstehen, was den eigenen kleinen Perfektionisten antreibt, ist es wichtig zu wissen, welche Rolle der eigene Selbstwert dabei spielt. Ein Mensch mit einem generell positiven Selbstbild wird wahrscheinlich nicht so sehr zum Perfektionismus neigen wie jemand mit einem eher negativen.

Wie sieht es bei Ihnen aus?

Ein hoher Punktwert spricht für einen negativen Selbstwert, ein niedriger für einen positiven. Überrascht Sie Ihr Ergebnis oder bestätigt es nur, was Sie ohnehin schon über sich wissen?

Ich möchte Sie mit diesem Test in erster Linie motivieren, Ihren abwertenden Denkgewohnheiten ins Auge zu schauen und sich nicht mehr mit ihnen abzufinden. Für viele Menschen ist es nämlich ganz selbstverständlich, wenn sie feststellen: »Ich bin nicht selbstbewusst, das ist eben so.« Als sei dies in Stein oder besser: in die Persönlichkeit gemeißelt. Aber diese Vorstellung ist totaler Quatsch! Wie wir über uns selbst denken, ob wir uns wenig zutrauen oder generell gar nicht über den Weg trauen, ist die Konsequenz eines jahre-, womöglich lebenslangen Trainings.

Unsere Persönlichkeit ist tatsächlich sehr stabil und schwer zu beeinflussen. Aber unsere Denkgewohnheiten KÖNNEN wir ändern. Und genau das sollten wir auch tun, wenn wir unserem kleinen Perfektionisten das Steuer aus der Hand nehmen wollen.

Wenn Menschen mir versichern, wie unfähig sie seien, hake ich grundsätzlich nach und möchte genau wissen, von welcher Fähigkeit in welcher Situation sie sprechen. Und dann frage ich sie, wie viele Punkte von 0 (»total unfähig«) bis 10 (»besser geht's nicht«) Sie sich für diese konkrete Fähigkeit geben.

Und siehe da: Meistens liegt die Selbsteinschätzung jetzt zwischen 6 und 8 – so schlecht ist es also gar nicht darum bestellt. Woran das liegt?

Ein geringes Selbstvertrauen beruht eigentlich immer auf »gefühlten Wahrheiten«. Wir GLAUBEN, nicht gut zu sein. Wenn wir uns aber zwingen, differenziert über uns und unsere Fähigkeiten nachzudenken, fällt das Ergebnis in der Regel ganz anders aus.

Selbstcheck

Wenn Ihr Punktwert beim C-Faktor hoch ist, schauen Sie sich bitte Ihre Antworten auf die C-Fragen noch einmal genauer an:

Welche Aspekte Ihres Selbstbilds beruhen hauptsächlich auf gefühlten Wahrheiten und nicht auf echten Überzeugungen?

In welchen Lebensbereichen, bei welchen Themen haben Sie generell wenig Zutrauen zu sich? Wo sehen Sie sich selbst eher negativ?

Welche Rolle mag Ihr Selbstbild beim Thema Perfektionismus spielen?

Der D-Faktor: Orientierung
Ist Ihr Denken eher intrinsisch oder extrinsisch orientiert?

Der letzte Testfaktor beschäftigt sich mit der Frage, wie stark sich das Denken auf andere Menschen bezieht.

Bin ich tendenziell eher INTRINSISCH strukturiert, steht für mich im Mittelpunkt, was ich selbst denke, fühle und für richtig halte. Fragt mich dann beispielsweise jemand, ob ich ihn spontan ins Theater begleite, würde ich zuerst einmal überlegen, ob es mir passt und ich Lust dazu habe. Falls mir gerade mehr danach ist, den Abend zu Hause zu verbringen, würde ich das Angebot wohl ablehnen.

Ein EXTRINSISCH orientierter Mensch würde dagegen trotzdem mit ins Theater gehen, weil er zuerst überlegt, wie wichtig seinem Gegenüber das sein mag. Findet der Arme vielleicht keinen anderen Begleiter und müsste sonst ganz allein gehen? Liegt ihm das Stück womöglich sehr am Herzen? Oder hat er gerade eine Trennung hinter sich und ist ungern allein? Dagegen würde er den eigenen Wunsch, lieber zu Hause zu bleiben, als nicht so wichtig abtun.

Selbstverständlich ist es nicht verkehrt, die Bedürfnisse anderer Menschen im Blick zu haben und auch mal jemandem zuliebe die eigenen Wünsche zurückzustellen. Problematisch ist es, wenn man grundsätzlich die Erwartungen anderer zum Ausgangspunkt des eigenen Denkens macht. Vor allem, wenn man diese Erwartungen gar nicht so genau kennt, sondern lediglich vermutet, was andere wohl wollen und denken mögen.

Stark extrinsisch orientierte Menschen meinen oft, ganz genau zu wissen, was ihre Umwelt, der Chef, die Familie oder die Nachbarn erwarten. Und das gilt es dann zu berücksichtigen und sich auf Teufel komm raus entsprechend zu verhalten. Weil ... ja, warum eigentlich? Fragt man jemanden, der so tickt, liefert er wahrscheinlich vernünftig klingende Argumente. Und tut so, als würde er sich bewusst dafür entscheiden, sich selbst zurückzunehmen.

Mit Vernunft und freiem Willen hat das aber wenig zu tun. Denn dahinter stecken höchstwahrscheinlich Ängste – die alles andere als vernünftig sind und sich oft um Ablehnung, Konflikte oder Liebesentzug drehen. Warum das so ist, werden wir uns später noch genauer anschauen.

»Ich springe, weil man das von mir erwartet.«

Ich habe es ja schon erwähnt: Befragt, warum sie sich so sehr engagieren, argumentieren Perfektionisten gern mit den Erwartungen anderer Menschen. Denen gilt es, möglichst alles recht zu machen. Für einen extrinsisch Denkenden ist das ganz selbstverständlich. Schließlich soll möglichst jeder, und sei es der Mensch an der Supermarktkasse, ein positives Bild von ihm haben!

Denn andere definieren – in seinen Augen – schließlich, was richtig oder falsch, wertvoll oder wertlos, erstrebenswert oder überflüssig ist. Durch Anerkennung und Lob wird man bestätigt, und Kritik oder Ignoriertwerden sind eine Katastrophe.

Jetzt verstehen Sie sicherlich, warum dieser vierte Faktor so wichtig für die Frage ist, was jemanden in die Arme seines kleinen Perfektionisten treibt. Denn der hat schließlich das Patentrezept für extrinsisch orientierte Menschen:
Streng dich an, denn nur so wirst du wahrgenommen und geschätzt. Sei einfach viel besser als alle anderen, gib dir mehr Mühe, investier mehr Zeit und Energie – dann erfüllst du ganz sicher die Erwartungen deiner Mitmenschen.

Ein hoher Punktwert zeigt Ihnen, dass Sie sich stark an anderen Menschen orientieren – und damit gefährdet sind, sich mit zu hohen Erwartungen an sich selbst zu stressen. Argumentieren Sie vor sich selbst oder anderen häufig, dass Sie gar nicht anders können, als 120 Prozent zu bringen? Weil der Druck und die Erwartungen von außen Ihnen ja gar keine andere Möglichkeit lassen?

Dann möchte ich Ihnen besonders ans Herz legen, dieses Thema durch die nächsten Kapitel im Blick zu behalten.

Selbstcheck

Gehen Sie in Gedanken doch einmal die Menschen in Ihrer Umgebung durch: Wessen Erwartungen versuchen Sie – mehr als es Ihnen guttut – gerecht zu werden?

Bei welchen Themen vertrauen Sie reflexhaft eher den Meinungen und Erwartungen anderer als Ihren eigenen?

Und wie geht's jetzt weiter?

In den nächsten beiden Kapiteln geht es darum, was in unseren Köpfen geschieht, wenn wir zu viel von uns verlangen, wer dieser kleine Perfektionist ist und wie er in unsere Köpfe kam. Was Sie hier mithilfe des Tests über sich erfahren haben, werden Sie dort vertiefen können.

4. Kapitel
Unsere Ich-Zustände und das innere Kuddelmuddel

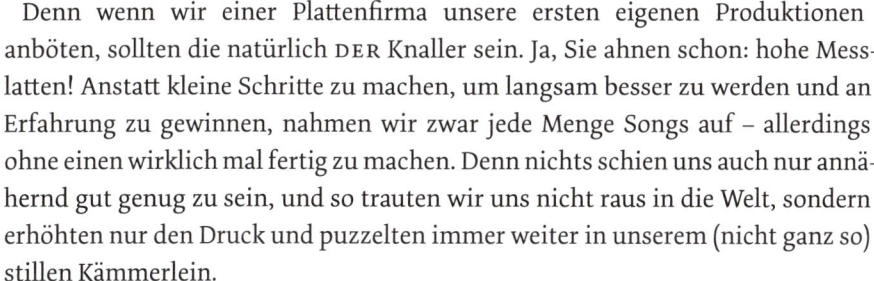

Bevor ich Psychologe wurde, habe ich mir mit Anfang zwanzig meinen großen Traum erfüllt, als Musiker und Komponist zu arbeiten. Damals gründete ich mit einem Bekannten als Financier ein Tonstudio, und wir legten los. Oder genauer gesagt, wir waren immer GANZ KURZ DAVOR, so richtig loszulegen.

Denn wenn wir einer Plattenfirma unsere ersten eigenen Produktionen anböten, sollten die natürlich DER Knaller sein. Ja, Sie ahnen schon: hohe Messlatten! Anstatt kleine Schritte zu machen, um langsam besser zu werden und an Erfahrung zu gewinnen, nahmen wir zwar jede Menge Songs auf – allerdings ohne einen wirklich mal fertig zu machen. Denn nichts schien uns auch nur annähernd gut genug zu sein, und so trauten wir uns nicht raus in die Welt, sondern erhöhten nur den Druck und puzzelten immer weiter in unserem (nicht ganz so) stillen Kämmerlein.

Wahrscheinlich hat mich damals mein kleiner Perfektionist zum ersten Mal so richtig in eine Sackgasse manövriert. Und damit nur erreicht, dass ich den Spaß am Musikmachen verlor und meinen Traum schließlich an den Nagel hängte.

Erst viel später habe ich mich gefragt: *Warum lassen wir uns das eigentlich von uns selbst gefallen?*

Wusste ich es damals tatsächlich nicht besser? Was hätte ich wohl jemandem geantwortet, der mich beiseitegenommen und ernsthaft gefragt hätte, ob ich wirklich von unserer Herangehensweise überzeugt war? Im Grunde ahnte ich ja, dass etwas total falsch lief, ich traute mich nur nicht, meine Zweifel ernst zu nehmen.

Wenn wir in so einer Sackgasse sitzen und unser kleiner Perfektionist uns einzureden versucht, dass der einzige Ausweg darin besteht, uns noch mehr anzustrengen, müsste uns eigentlich klar sein: So kommen wir auf keinen Fall weiter! Vielen Menschen in so einer Perfektionismus-Sackgasse ist bewusst, dass ihre Lebensqualität viel mehr leidet, als dass sie durch ihren Perfektionismus gewinnen können. Jedenfalls KÖNNTE es ihnen bewusst sein, wenn sie einmal durchatmen und mit etwas Abstand auf sich selbst schauen würden. Dumm ist nur: Gerade Abstand ist in so einer Situation meistens Mangelware.

Ich vermute, mein Klient Peter hätte beim Test im letzten Kapitel für alle vier Faktoren sehr hohe Werte erreicht. Als Jurist leitete er eine Abteilung, die für das Beschwerdemanagement eines großen Konzerns verantwortlich war. Und Beschwerden gab es dort reichlich! Für Peter bedeutete jede eine persönliche Herausforderung, der er selbstverständlich auf den Grund gehen musste. Denn es war sein Job, dafür zu sorgen, dass die zuständigen Stellen sich darum kümmerten.

Nur war leider keine dieser Stellen sonderlich bemüht, Probleme zu lösen. Lieber zeigte man mit dem Finger auf andere und versuchte, möglichst jede Verantwortung abzuwälzen. Peters Abteilung hatte folglich keine Chance, ihre Arbeit befriedigend zu erledigen. Aber das ignorierte er, denn nicht das Erreichbare war sein Maßstab, sondern sein Anspruch, jedes Problem zu lösen und jeden zufriedenzustellen. Er kämpfte also gegen Windmühlen.

Schon bei unserem ersten Treffen wurde deutlich, dass der Fehler im System lag und eigentlich nur Frust produzieren konnte. Da Peter jedes einzelne Problem aber persönlich nahm, fehlte ihm bisher der Abstand, um das Dilemma zu erkennen. Und so strengte er sich nur immer mehr an und investierte viel zu viel Zeit in seinen Job. Weil man ihn sonst ganz sicher feuern würde, glaubte Peter.

Als wir seine Situation und Strategie in Ruhe analysierten, verstand er schnell, wie irrational sein Denken und Handeln war. Er wunderte sich nur, dass er es bisher nicht bemerkt hatte.

Ein Konflikt, den man nicht bemerkt?

Wenn man mental in einer Sackgasse sitzt, ist meistens ein innerer Konflikt dafür verantwortlich. Typische, eher UNBEWUSSTE »Konfliktteilnehmer« haben Sie im letzten Kapitel als die vier Faktoren kennengelernt: zu hohe und unklare Erwartungen an sich selbst, der Glaube, nicht gut genug zu sein, die Tendenz, es anderen recht machen zu müssen, und die Neigung, sich viel zu sehr anzustrengen. Dazu kommen noch unsere BEWUSSTEN Ziele und Wünsche – wie Peters Bestreben, erfolgreich zu sein und einen guten Job machen zu wollen.

So ein innerer Konflikt ist also ganz schön komplex und uns meist nur teilweise bewusst. Wie die berühmte Spitze des Eisbergs, die aus dem Wasser ragt. Man könnte sie mit unserem Perfektionismus vergleichen, der für alle sichtbar ist, während der Konflikt darunter im Dunkeln liegt. Sich nur mit der Spitze, also dem Symptom Perfektionismus zu beschäftigen, reicht aber selten aus, wenn man etwas verändern will. Gute Ratschläge wie *Sei einfach mal netter zu dir selbst, Streng dich nicht so an* oder *Achtzig Prozent reichen doch auch* sind gewiss nicht verkehrt – sie werden nur kaum etwas verändern.

Denn mit solchen gut gemeinten Argumenten einen waschechten Perfektionisten beeindrucken zu wollen, ist ungefähr so, als würde man einem Spinnenphobiker erklären, dass Spinnen doch sehr nützliche und vollkommen ungefährliche Tiere sind. »Vor denen musst du wirklich keine Angst haben!«

Das weiß der Phobiker wahrscheinlich auch. Aber Argumente allein werden ihm kaum helfen, seine Angst zu überwinden. Denn Ängste genauso wie Perfektionismus beruhen ja nicht auf Meinungen, die man mal eben flott verändern kann.

Schoko oder Erdbeer?

Unser Konflikt-Eisberg besteht eben nicht nur aus gegensätzlichen Gedanken oder Wünschen. Stünde ich zum Beispiel nur vor der Entscheidung, ob ich mir jetzt den Erdbeer- oder lieber den Schoko-Eisbecher bestelle, würde mich dieser Konflikt wohl nicht in eine mentale Sackgasse befördern.

Peters innerer Konflikt ist von einem anderen Kaliber: Er möchte professionell sein, einen guten Job machen und Erfolg haben. Dagegen steht seine Neigung, es möglichst allen, seinen Vorgesetzten, den Kollegen und den Kunden, recht zu machen. Dazu kommt seine alte Angst, abgelehnt zu werden oder zu scheitern.

Einerseits also rationale, angemessene Gedanken und Wünsche – andererseits ein Kuddelmuddel aus Gefühlen und eingeschliffenen Denkmustern. Obwohl Peter ein intelligenter und selbstreflektierter Mann ist, nimmt er nur noch die Befehle seines inneren Perfektionisten wahr und die diffusen Ängste, die dahinterstecken. Kein Wunder also, wenn er nur noch kopflos und gestresst agiert.

Dabei bräuchte er am dringendsten etwas Abstand und Überblick, um bewusst entscheiden zu können, welche Handlungsoptionen die klügsten sind. Aber Peter lässt bisher lieber das Steuer los und überlässt es seinem inneren

Kuddelmuddel

Es ist schon ein bisschen merkwürdig: Haben wir nicht ein Bild von uns selbst als erwachsene und vernunftbegabte Wesen? Und würden wir nicht von uns behaupten, meistens auf der Basis unserer Überlegungen und Überzeugungen zu entscheiden? Tja. Was sicherlich stimmt: Wir SIND vernunftbegabt. Und ja, wir verfügen auch über ein beeindruckendes Großhirn. Nur nutzen wir es leider viel seltener, als wir wahrhaben wollen.

Wenn uns beispielsweise die Chefin bittet, morgen kurz den Stand unseres Projekts im Meeting vorzustellen. Und wir dann bis Mitternacht daran sitzen und unsere Fantasie kultivieren, wie man unsere Inkompetenz durchschauen und uns mit Schimpf und Schande vom Gelände jagen wird. Nein, die Möglichkeiten unseres Großhirns nutzen wir so wohl nicht. Eher die ausgeprägte Fantasie der ängstlichen Teile unserer Persönlichkeit.

Und dann ist das Meeting vorbei, unsere Ausführungen wurden – Überraschung! – gut aufgenommen und erst jetzt kommen wir zur Besinnung. In was für einen schrägen (aber leider vertrauten) Film sind wir mal wieder hineingeraten?

Ich vermute, Sie kennen das auch, wenn offenbar ZWEI SEELEN IN IHRER BRUST WOHNEN (wie in Goethes Faust) – auf der einen Seite Ihre Vernunft und Überzeugungen, auf der anderen das besagte mentale Kuddelmuddel? Dann wissen Sie bestimmt, wie machtlos man sich gegenüber diesem Mix aus Ängsten, Zweifeln und Glaubenssätzen fühlen kann. Und ihm resigniert Steuer und Deutungshoheit überlässt.

Wahrscheinlich ahnen Sie, dass »mentales Kuddelmuddel« kein Fachbegriff ist. Psychologisch korrekt würde man eher von unterschiedlichen ICH-ZUSTÄNDEN sprechen.

Kennen Sie das auch?

Welche Erfahrungen mit inneren Konflikten sind Ihnen beim Lesen in den Sinn gekommen?

Mein Ich hat Zustände?

Jetzt könnte man sich fragen, warum es denn so wichtig sein soll, ob in unseren Köpfen Gedanken, Gefühle oder Zustände im Clinch liegen. Ganz einfach: Konflikte zwischen konkurrierenden Gedanken können wir meistens – Stichwort Schoko oder Erdbeer? – auf der Sachebene lösen. Arbeiten aber unterschiedliche mentale Zustände gegeneinander, funktioniert das nicht.

Nehmen wir zum Beispiel mal an: Hans hat Emma einen Schraubenschlüssel zum Geburtstag geschenkt. Emma ist gekränkt, weil sie das Geschenk lieblos findet. Hans erklärt, dass so ein Schraubenschlüssel doch sehr praktisch sei, und

Emma schmollt. Könnte man den Konflikt beilegen, indem man Argumente für und wider Schraubenschlüssel diskutiert? Wohl kaum, denn es geht hier um ganz unterschiedliche Ebenen: Hans sieht nur die Sachebene und kann Emmas Emotionen nicht einordnen – und Emma kann Hans' gute Absichten nicht erkennen, weil sie in einem Zustand der Kränkung ist.

Bei Peter, dem Beschwerde-Chef, können wir drei unterschiedliche mentale Zustände identifizieren:

Wenn er Abstand und einen klaren Kopf hat und seine Situation differenziert betrachten kann, ist er in einem mental erwachsenen Zustand. Sobald er aber in seinen Perfektionismus-Film rutscht, fühlt und denkt er nicht mehr wie ein Erwachsener. Einerseits fühlt er sich wie ein hilfloses Kind, das lieb gehabt werden will und machen muss, was man von ihm verlangt – und andererseits ist er in seinem aktionistischen und perfektionistischen Zustand, in dem er sich nur antreibt und seine eigenen Bedürfnisse und Grenzen gar nicht wahrnimmt.

Auf diese drei Zustände gehen wir gleich noch genauer ein.

Liebe für Leistung?

Ich fragte Peter, wann und wie er wohl seine hohen Ansprüche an sich selbst gelernt haben könnte. Schon in der Grundschule, erzählte er mir, musste er immer der Beste sein. Für ihn bedeutete auch später noch jede Zensur, die schlechter als eine Eins war, einen Makel, für den er sich schrecklich schämte. Ob seine Eltern so hohe Leistungen von ihm verlangt hätten?

»Nein, ausgesprochen wurden Erwartungen bei uns eigentlich nie«, meinte Peter. »Es war einfach klar, darüber musste gar nicht gesprochen werden!« Er erzählte, dass sein Großvater im Krieg gestorben war und seine Großmutter darüber jede Lebensfreude verloren hatte. Fortan gab es für sie nur eins: ihre Pflicht zu erledigen. Selbst auf ihrem Grabstein war zu lesen, dass sie immer ihre

Pflicht getan hatte, und die Familie hatte diese Haltung übernommen. »Es war meine unausgesprochene Aufgabe, immer der Beste zu sein. Was man selber fühlte, brauchte oder sich wünschte, das spielte bei uns absolut keine Rolle!«

Tatsächlich höre ich solche Geschichten von Menschen mit Neigung zum Perfektionismus nicht selten. In manchen Elternhäusern wurde ganz selbstverständlich gefordert: »Du bist etwas Besonderes, daher musst du dir auch ganz besondere Mühe geben!« Aber nicht immer wurde mit offenen Karten gespielt, sondern man sprach abfällig über Menschen, die sich nicht genug anstrengten: »Der arme Onkel Tunichtgut hat sich eben immer einen faulen Lenz gemacht. Kein Wunder, dass er es zu nichts gebracht hat.«

Häufig wurde Leistung und Wohlverhalten auch mit emotionalem Druck erzwungen. Der Klassiker: »Mama ist ganz traurig, wenn du dir nicht mehr Mühe beim Klavierspielen gibst.«

So mancher von uns hat auf die eine oder andere Weise in seiner Kindheit lernen müssen: »Nur wer sehr gut ist, wird anerkannt und erfährt Wertschätzung, denn Liebe und Respekt gibt es ausschließlich für Leistung. Wer nicht der Beste ist, darf sich auch nicht wundern, wenn ihn keiner mag und er nicht mitspielen darf.«

Solche vergifteten Lebensweisheiten sind für viele Menschen leider ganz selbstverständlich wahr. Bis sie eines Tages anfangen, ihre Denkgewohnheiten zu hinterfragen, und dann verwundert feststellen, wie brutal und lebensfeindlich sie eigentlich sind. Und vor allem: kompletter Unsinn! Vielleicht war der »arme Onkel Tunichtgut« nicht der Fleißigste, aber der Einzige in der Familie, der verstand, ein glückliches Leben zu führen?

Fällt Ihnen dazu etwas aus Ihrer Biografie ein?
Was haben Sie als Kind über Leistung, Anstrengung und Anerkennung gelernt?

Die Kinderstuben von kleinen Perfektionisten

Zu erkennen, dass man bisher destruktiven Denkmustern auf den Leim gegangen ist, führt allerdings nicht automatisch dazu, konstruktiver zu denken. Vielen Menschen ist nämlich durchaus bewusst, dass ihre Messlatte viel zu hoch liegt und wie sehr sie darunter leiden. Und wie mein Klient Peter können einige auch nachvollziehen, wie und von wem sie dies gelernt haben.

Was aber schwer verständlich ist: Warum folgen wir TROTZDEM weiter destruktiven Familienidealen und verzerrten Wahrheiten – obwohl wir sie durchschauen? Warum haben sie solche Macht über unser Denken? Und wie kann es sein, dass jemand sich beispielsweise sehenden Auges ins Burn-out schuftet und es trotzdem nicht schafft, den Fuß vom Gas zu nehmen?

Warum sind also Denkgewohnheiten, die wir schon als Kinder entwickelt haben, so mächtig und scheinbar kaum zu verändern? Um das zu verstehen, müssen wir einen kleinen Schlenker machen und uns vorstellen, wie wir als kleine Menschen die Welt erlebt haben:

Einerseits waren wir vor Energie und Lebenslust sprühende, kreative und neugierige Wesen. Wir hatten es andererseits aber auch nicht leicht, denn wir mussten uns in einer sehr großen und oft verwirrenden Welt zurechtfinden. Und uns einen Reim machen auf manchmal verwirrende – und nicht selten verwirrte! – Erwachsene, von denen wir ja abhängig waren.

Wir mussten lernen, mit unangenehmen Gefühlen klarzukommen wie Unsicherheit, Hilflosigkeit und Ängsten. Das war nicht gerade ein Kinderspiel! Vor allem, wenn man uns nicht so viel Stabilität und Klarheit bot, wie wir gebraucht hätten, um unsere Umwelt zu verstehen. Je widersprüchlicher und unsicherer die Umgebung war, desto schwerer fiel es uns zu lernen, wer wir waren, was man von uns erwartete und wo unser Platz war.

Keine einfachen Aufgaben für unser Kindergehirn, das noch nicht so differenziert denken konnte, wie wir es heute als Erwachsene können. Es erschloss sich nämlich die Welt vor allem in Gegensätzen, in Schwarz und Weiß. Daher lernen Kinder auch am liebsten aus Märchen, in denen es nur Gut und Böse, hässlich und schön gibt. Folglich waren wir empfänglich für schwarz-weiße Welterklärungen wie:

Dies ist so und nicht anders, ich bin entweder so oder so. Man muss dieses und darf auf keinen Fall jenes. Wer A sagt, muss auch B sagen.

Solche schlichten »Wahrheiten« leisteten uns bei der Orientierung damals gute Dienste. Nur haben einige davon bis heute in unseren Hirnen überlebt.

Endlich erwachsen ...

Während wir heranwuchsen, entwickelte sich auch unser Hirn weiter, und wir lernten, differenzierter zu denken. Schwarz und Weiß wurden durch Grautöne und Farben ergänzt, und schrittweise entwickelten wir ein genaueres Bild von uns selbst, unserer Umwelt und unseren Möglichkeiten. Außerdem gewannen wir an Einfluss auf unser Leben, wurden unabhängiger von den Großen, stellten ihre Wahrheiten infrage und entwickelten schließlich unsere eigenen.

Irgendwann erreichte unser Gehirn seinen heutigen Betriebszustand, den man auf Psychologisch das ERWACHSENEN-ICH nennt. »Erwachsen« bedeutet hier nicht etwa, dass man fortan nur noch vernünftig sein kann. Nein, was den Erwachsenen-Ich-Zustand vor allem ausmacht, ist ein differenziertes Verständnis von uns und von der Welt. Das heißt, dass ich auch meine Schattenseiten, meine verwirrenden Gefühle und inneren Widersprüche wahrnehmen und als Teile von mir anerkennen kann. Auch wenn mir dies bei einigen Teilen meiner Psyche leichter fällt als bei anderen.

Mental erwachsen zu sein, bedeutet nicht, gar keine Angst mehr zu haben oder keinen Stress zu spüren. Sondern auch unangenehme Gefühle oder Gedanken wahrzunehmen, ohne sich mit ihnen sofort zu identifizieren. Ich kann also Angst HABEN, ohne meine Angst zu SEIN – weil ich im Erwachsenen-Ich Abstand halten kann zu meinen Gefühlen und Gedanken. Und last but not least: Ich habe das Steuer in der Hand und bin Bestimmer in meinem Leben.

Klingt super, oder?

... aber

die Sache hat leider – Sie ahnen es vielleicht – einen Haken: Wir sind zwar OFT mental erwachsen, vielleicht sogar MEISTENS, aber eben nicht IMMER! Manchmal rutschen wir nämlich aus dem schönen Erwachsenen-Ich heraus in einen anderen, kindlichen Zustand. Denn einige Teile unserer Psyche sind ein bisschen »zurückgeblieben«.

Während unser Gehirn langsam heranreifte, hat es sehr viele unserer kindlichen schwarz-weißen Sichtweisen durch angemessenere ersetzt. Aber eben nicht alle. Wir haben uns beispielsweise (hoffentlich) ein bisschen unserer kindlichen Kreativität und Spontaneität bis heute erhalten. Und wenn wir mit Freunden unterwegs sind, verhalten wir uns bestimmt nicht immer erwachsen. Zum Glück!

Was uns nicht so glücklich macht: Unser Gehirn hat bei speziellen Themen, in gewissen Situationen oder bestimmten Menschen gegenüber im Laufe der Zeit KEINE erwachsenen Denkmuster entwickelt. Sondern es griff hier lieber – warum auch immer – auf alte, kindliche Muster und Verhaltensweisen zurück. Und das tat es an diesen Stellen immer und immer wieder. Bis heute.

So wuchsen wir zwar zu erwachsenen Menschen heran, greifen aber gelegentlich, meist unbewusst, auf solche alten Muster zurück. In diesen Momenten sind wir psychisch nicht mehr dreißig oder fünfzig Jahre alt, sondern eher fünf oder sechs, und wir denken und fühlen dann plötzlich wie ein Kind.

Ist das denn normal?

Klienten, mit denen ich über Kind-Ich-Zustände spreche, befürchten manchmal, nicht normal zu sein, vielleicht sogar »irgendwie schizophren«. Weil ihr Ich ja offenbar nicht so einheitlich ist, wie sie bisher angenommen hatten. Nein, das Schwanken zwischen erwachsenen und kindlichen Zuständen ist sehr menschlich und passiert uns allen viel häufiger, als wir es wahrnehmen. Daran ist wirklich nichts Unnormales.

Wenn man im Alltag darauf achtet, entdeckt man bei sich selbst und anderen Menschen Kind-Ich-Zustände sogar ziemlich häufig. Zum Beispiel:
- Wir denken nur noch in Richtig-oder-falsch-Kategorien, als gäbe es nur EINE richtige Lösung wie in der Schule. Dass es womöglich mehrere Wahrheiten und Wege geben kann, blenden wir aus.

- Wir fühlen uns von einem Moment auf den anderen hilflos, ausgeliefert, klein oder ängstlich. Während andere Menschen uns groß, überlegen oder mächtiger erscheinen.
- Wir denken ausschließlich daran, was andere von uns erwarten, was wir müssen und was wir auf keinen Fall dürfen.

Je mehr wir aus dem Erwachsenen-Ich herausrutschen, desto enger wird es in unseren Köpfen und Herzen – wie es eigentlich gar nicht zu unserem Erwachsensein und unserem Selbstverständnis passt.

Eine Geschichte aus meinem eigenen Nähkästchen: Vor einigen Jahren kratzte ich beim Einparken die Stoßstange eines anderen Autos an. Nichts Dramatisches, aber bevor ich nachdenken konnte, was zu tun war, rauschten die Schuldgefühle nur so durch mein Hirn. Für einen Augenblick war ich wieder ein Kind und zutiefst erschrocken und fühlte mich, als würde jetzt eine schlimme Strafe auf mich warten. Es dauerte einige Minuten, bis ich zu mir kam und realisierte, dass ich ein erwachsener Mann bin und nichts »Böses« angestellt hatte.

Fallen Ihnen ähnliche Situationen ein?

Welche Situationen sind das?

Außerdem können wir auch »elterlich«

Neben dem Kind-Ich-Zustand gibt es noch einen weiteren, den wir ebenfalls in sehr jungen Jahren entwickelt haben, nämlich das sogenannte ELTERN-ICH:

Wir bemühten uns als Kinder sehr zu verstehen, wie die Großen tickten. Mit unseren kindlichen Mitteln haben wir uns damals ein Bild davon gemacht, wie Großsein wohl geht und sich anfühlt. Deshalb spielten wir zum Beispiel Mama, Papa, Lehrer oder Polizist und machten uns so diese Rollen zu eigen.

Einerseits erlebten wir (hoffentlich), wie Erwachsene uns behüteten, fürsorglich behandelten und bedingungslos schätzten und liebten.

Andererseits haben wir (höchstwahrscheinlich) an den Erwachsenen auch eine andere, nicht so nette Seite kennengelernt, nämlich eine kritische, negative, entwertende oder sogar gewalttätige. Man hat uns oder Menschen, die uns nahe waren, vielleicht gesagt:

Du bist nicht gut genug. Du musst dich viel mehr anstrengen. Du musst gefälligst tun, was wir dir sagen. Kinder mit 'nem Willen, kriegen was auf die Brillen. Vielleicht sprach niemand solche schlimmen Sätze aus, sondern wir hörten sie zwischen den Zeilen. Oder wir bekamen mit, wie Erwachsene so über sich selbst dachten oder sprachen. Wir lernten also, dass die Großen sowohl fürsorglich als auch unangenehm kritisch sein konnten. Und so machten wir uns auch diese Haltungen zu eigen und erleben sie heute als Ich-Zustände: Man spricht vom FÜRSORGLICHEN auf der einen und vom KRITISCHEN ELTERN-ICH auf der anderen Seite.

In dem einen Zustand sind wir fürsorglich, großzügig und annehmend: *Egal, wie du bist, du bist okay!* Leider sind die meisten von uns viel besser darin, mit anderen Menschen so verständnisvoll umzugehen als mit sich selbst. Unserer besten Freundin verzeihen wir leicht und finden sie okay, auch wenn sie sich mal nicht so gut benimmt.

Mit sich selbst sind leider die wenigsten so großzügig. Uns selbst begegnen wir nämlich viel häufiger im kritischen Eltern-Ich-Zustand und sind dann mit uns selbst unfair, überkritisch oder sehr fordernd. Manchmal so richtig fies, wie wir es mit anderen Menschen niemals wären!

Es geschieht häufig, dass wir in einem Kind- und GLEICHZEITIG in einem kritischen Eltern-Ich-Zustand landen: Wenn wir beispielsweise Angst haben, etwas nicht gut genug zu machen und uns dabei klein und mutlos fühlen, spüren wir oft eine kritische Seite, die auch noch auf uns herumhackt und uns weiter entmutigt.

Einerseits:
Auweia, das schaffe ich doch nie.
Und gleichzeitig:
Reiß dich gefälligst zusammen, du Memme!

Wenn plötzlich alles so verdächtig schwarz-weiß aussieht ...

Wenn Menschen auf eine Weise denken, fühlen und handeln, die sie selbst als unangemessen und destruktiv erleben, verwende ich dieses Modell der Ich-Zustände (das übrigens aus der TRANSAKTIONSANALYSE stammt). Schaut man sich beispielsweise Peters Verhalten durch diese Brille an, stellt man fest:

Im Erwachsenen-Ich hat er einen professionellen Anspruch an sich selbst und ein differenziertes Verständnis der Situation. Alles okay also. Im Job-Alltag kann er diesen mentalen Zustand aber nicht halten, rutscht einerseits in eine kindliche Haltung und glaubt, allen alles recht machen zu müssen. Gleichzeitig ist er sehr kritisch mit sich selbst und fordert von sich Leistungen, die er unmöglich erbringen kann – und das klingt nach dem kritischen Eltern-Ich.

Ich vermute, Sie kennen so ein Schwanken zwischen unterschiedlichen

Zuständen? Dass Sie sich in einem Augenblick stabil und selbstbewusst fühlen und im nächsten, als wären Sie fünf Jahre alt oder Ihr eigener Oberlehrer, der ständig etwas an Ihnen auszusetzen hat?

»Verdächtig« ist immer, wenn wir plötzlich schwarz-weiß sehen und denken. Wenn wir glauben, etwas unbedingt zu müssen, etwas anderes auf keinen Fall zu dürfen oder nicht gut genug zu sein. Uns vielleicht bestimmten Kollegen oder dem Vorgesetzten gegenüber fühlen wie früher auf dem Schulhof, als die großen Kinder einen von oben herab behandelten.

Wenn uns solche Symptome bewusst werden, wissen wir: Wir sind gerade nicht hundertprozentig erwachsen – aber noch erwachsen genug, um dies wahrzunehmen.

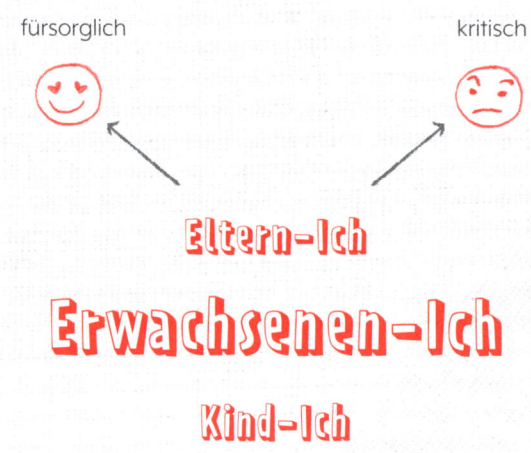

Bitte noch mal kurz innehalten

Ich möchte Sie an dieser Stelle bitten, sich einen Augenblick zum Nachdenken zu nehmen (und sich dazu einige Notizen zu machen).

Was fällt Ihnen spontan zu Ihren Kind-Ich-Zuständen ein?
Fühlen Sie sich manchmal falsch, klein, hilflos oder überfordert?

Wie sieht es mit Ihrer kritischen Eltern-Ich-Seite aus?
Sind Sie gelegentlich sehr hart, kritisch oder sehr fordernd mit sich selbst?
Oder auch mit anderen?

Und schließlich: Wie gut können Sie eigentlich fürsorglich mit sich selbst sein?
☐ sehr gut   ☐ geht so   ☐ eher nicht

Eine Übung für den Einstieg

Bei anderen Menschen ist es meist leichter zu erkennen, wenn sie »mental abrutschen«, als bei uns selbst. Daher möchte ich Ihnen vorschlagen, in den nächsten Tagen mal bei Ihren Mitmenschen darauf zu achten, wenn diese nicht mehr erwachsen sprechen und wirken, sich klein machen, trotzig und zickig wirken wie im Kindergarten oder eben überkritisch mit sich sind.

Und natürlich will ich Sie nicht daran hindern, auch mal einen Blick auf Ihr eigenes Denken und Fühlen zu werfen. Aber bitte einen wohlwollenden!

5. Kapitel
Wer ist der kleine Perfektionist – und warum ist er eigentlich klein?

Einerseits bin ich ja immer ich. Ich bin immer noch der, der vor Jahrzehnten versuchte, ein Musiker zu sein. Ich bin der, der mir heute Morgen die Zähne geputzt hat, und der, der gerade diese Zeilen in sein Notebook tippt und dabei mental erwachsen ist.

Aber manchmal bemerke ich beim Schreiben – gerade wenn ich mir meiner Sache nicht so sicher bin – eine vertraute perfektionistische Stimme in meinem Kopf. Dann erscheint es mir, als stecke tatsächlich ein innerer Perfektionist in meinem Hirn. Als existiere er unabhängig von meinem Ich – mit eigenen Gedanken (*Glaubst du wirklich, dass das ausreicht?!*), Gefühlen wie Anspannung oder auch Resignation und klaren Ansagen (*Das muss viel besser werden!*).

Bin ich also eine »gespaltene Persönlichkeit« wie Dr. Jekyll und Mr. Hyde? Nein, als Otto-Normal-Neurotiker ist meine Psyche wohl nicht gespalten – aber sie ist vielstimmiger, als mir manchmal lieb ist. Dasselbe gilt höchstwahrscheinlich für Ihre Psyche, oder?

Wie Fußabdrücke im Sand

Wir nehmen unsere kritischen, aktionistischen oder eben perfektionistischen Stimmen tatsächlich als Teile von uns wahr. Zwar sind wir mental im Erwachsenen-Ich – denn sonst wären wir ja gar nicht in der Lage, sie zu beobachten. Aber diese Teile unserer Psyche können einen gewaltigen Einfluss auf unser Denken und Handeln haben. Nämlich wenn wir ihnen die Deutungshoheit und das Steuer überlassen.

Man spricht deshalb auch von PERSÖNLICHKEITSANTEILEN. Vielleicht haben Sie diesen Begriff schon einmal gehört? Der bekannteste von ihnen ist unser lieber INNERER SCHWEINEHUND, den wohl die meisten von uns kennen. Ihn nehmen wir wahr als Stimme, die uns einredet, uns nicht anzustrengen und Schwierigkeiten lieber aus dem Weg zu gehen, und als Gefühl von Antriebslosigkeit und null Bock. Der innere Schweinehund ist wohl so etwas wie der Gegenspieler unseres kleinen Perfektionisten.

Persönlichkeitsanteile sind wie die Fußabdrücke im Sand, wenn wir barfuß am Meer spazieren gehen. Ich habe ja schon beschrieben, wie wir als Kinder unsere Erfahrungen mit uns, den Großen und der Welt verinnerlicht haben. Waren dies wichtige Einflüsse, wurden daraus Anteile unserer Persönlichkeit. Jeder davon mit seiner eigenen Wahrheit, so wie er es eben gelernt hat, mit eigenen Gefühlen, Denk- und Handlungsmustern. Man kann also sagen, dass unsere Persönlichkeitsanteile all das beinhalten, was wir im Laufe unseres Lebens nicht in unser Erwachsenen-Ich integrieren konnten.

Auch wenn die Menschen, die diese Anteile in uns damals prägten, gar nicht mehr da sind, hinterließen sie ihre Abdrücke auf unserer Psyche, die wir heute als Anteile unserer Persönlichkeit wahrnehmen. Setzen wir uns jetzt mit ihnen auseinander – und das tun wir ja in diesem Buch –, ist es wichtig, sie nicht zu verwechseln mit den realen Menschen oder den tatsächlichen Erfahrungen, die sie geprägt haben. Unsere Persönlichkeitsanteile sind eben nur deren Abdrücke, also das, was wir aus unseren frühen Erfahrungen gemacht und in unserer Psyche verankert haben.

Wenn ich mich beispielsweise nur mit meiner Vergangenheit und meinen Eltern beschäftige, die mir meinen Perfektionismus eingeimpft haben, wird es mein heutiges Verhalten kaum verändern. Dafür ist es notwendig, mich mit meinem kleinen Perfektionisten auseinanderzusetzen, der damals das Licht der Welt erblickt hat.

Der kleine Perfektionist

ist nämlich genau das: ein Anteil unserer Persönlichkeit, der höchstwahrscheinlich in der Kindheit entstanden ist und Ausdruck unseres kritischen Eltern-Ichs ist. Warum ich ihn »klein« nenne, ist damit klar: Er ist mental eben noch ein Kind, weil sich sein Denken und Fühlen seit unseren Kindertagen nicht verändert hat. Kein Wunder also, dass seine Messlatte nur Schwarz und Weiß kennt – differenzierter KANN er noch gar nicht denken. Es mag Ihnen auf den ersten Blick merkwürdig erscheinen, dass Sie so einen Teil in Ihrer Psyche mit sich herumtragen. Es ist aber ganz normal.

Ja, es ist sogar durchaus sinnvoll: Für unser Gehirn ist es nämlich überlebenswichtig, aus Kindheitserfahrungen zu lernen. Intensive Erfahrungen – im Positiven wie im Negativen – machen besonders viel »Eindruck« auf unsere Psyche. Und wenn wir lange genug an solchen Denkmustern festhalten, gelten sie für unser Gehirn als »bewährt«. Schließlich haben wir ja mit ihnen überlebt. Ob sie unserer Lebensqualität abträglich sind, ist unseren grauen Zellen dagegen nicht allzu wichtig.

Wenn wir heute das Wesen unserer Persönlichkeitsanteile erkennen und infrage stellen und durch erwachsenes Denken ersetzen, verlieren sie langsam ihren Einfluss. Solange wir aber an alten Mustern festhalten, ohne sie auf ihren Wahrheitsgehalt zu überprüfen, bestätigen und festigen wir sie nur immer weiter. Jedes Mal wenn ich also meinem kleinen Perfektionisten recht gebe, indem ich mir sein »Denken« zu eigen mache, sorge ich dafür, dass alles in meinem Hirn bleibt, wie es immer war.

»Aber mein Perfektionismus fühlt sich gar nicht kindlich an«,

mögen Sie jetzt einwerfen. Viele Menschen reagieren auf diese Vorstellung zuerst einmal irritiert. Denn wer zum Perfektionismus neigt, beruft sich ja gern darauf, wie vernünftig sein hoher Anspruch doch sei. Schließlich möchte man doch nur gut sein und Erfolg haben. Und das klingt doch alles andere als kindlich. Oder?

Na ja, vordergründig mag das so aussehen, jedenfalls solange man nur die »Spitze des Eisbergs« betrachtet. Schaut man sich aber an, welche Denkmuster dem zugrunde liegen, sieht die Sache nicht mehr so erwachsen aus. Um Ihnen das zu verdeutlichen, möchte ich noch einmal einen Blick auf die vier Faktoren aus dem Test des vorherigen Kapitels werfen:

A: Zu viel Anstrengung?

Sich erwachsen selbst zu managen, bedeutet, seine Ziele zu kennen, sich zu engagieren, wo und wie es sinnvoll ist – und dabei immer auch seine eigenen Ressourcen und Bedürfnisse im Blick zu haben. Strengt sich aber jemand dauerhaft und ohne Grenzen sehr an, steckt dahinter meistens der Glaube, gar keine andere Wahl zu haben. *Ich muss, es geht nicht anders, sonst könnte ja etwas Schlimmes geschehen!*

Klingt das nicht verdächtig schwarz-weiß? Blickt so nicht eher ein verängstigtes Kind in die Welt als ein Erwachsener, das nur den einen Ausweg kennt: sich mit aller Kraft anzustrengen? Ein Kind kann eben noch nicht reflektieren, ob sein Denken wirklich klug und alternativlos ist. Und ob die vermeintliche Gefahr tatsächlich so groß sein kann.

B: Sich möglichst immer am Ideal orientieren?

Ideale zu haben und ihnen zu folgen, lässt uns zu besseren und zufriedeneren Menschen werden. Sich vorzunehmen, nachhaltig zu leben oder sich gesund zu ernähren, ist sicherlich eine feine Sache. SOLANGE uns dabei bewusst ist, dass der Weg dorthin nicht ganz leicht sein könnte und wir manche Ideale wahrscheinlich nie ganz erreichen werden. Im Erwachsenen-Ich wissen wir das und stellen uns darauf ein, indem wir uns zum Beispiel kleine Etappenziele setzen, die wir im Alltag tatsächlich auch umsetzen können.

Wie wir im letzten Kapitel gesehen haben, gehen Perfektionisten aber nicht so erwachsen mit ihren Zielen um. Sondern sie sehen nur das Ideal und glauben, es möglichst sofort erreichen zu müssen. Immer alles richtig machen zu wollen, von allen geschätzt zu werden oder sich ab sofort hundertprozentig gesund ernähren zu wollen – das sind keine klugen, erwachsenen Ziele.

C: Ein mieses Selbstbild für selbstverständlich halten?

Ist es erwachsen, von sich selbst zu glauben, viel schlechter als (fast) alle anderen Menschen zu sein? Wenn jemand über sich sagt: *Ich bin überhaupt nicht selbstbewusst.* Und dann: *Ich bin wirklich sehr schlecht in dem, was ich tue.* Das ist doch merkwürdig. Als würde man einerseits wissen, dass man eine Sehschwäche hat und kein Rot wahrnehmen kann – und gleichzeitig behaupten, in der eigenen Welt gebe es ganz sicher nichts Rotes.

Wenn ein Mensch mir von seinem negativen Selbstbild erzählt, in dem es kaum eine Differenzierung gibt, höre ich ein verzweifeltes Kind sprechen. Wenn Kinder gekränkt werden oder jemand ihnen vermittelt, dass sie nicht gut genug sind, machen sie sich das leider zu eigen. Weil Kinder noch nicht in der Lage sind, den Wahrheitsgehalt so eines »Feedbacks« zu überprüfen, bauen sie es in ihr

Selbstbild ein. Vielleicht korrigieren sie es später und entwickeln ein positiveres, angemesseneres Selbstbild. Aber manchmal überlebt so ein gekränkter Selbstwert bis ins Erwachsenenalter.

D: Sich hauptsächlich an anderen Menschen orientieren?

Sollte man seinen Mitmenschen möglichst immer alles recht machen? Ist es extrem wichtig, was andere über uns denken und von uns erwarten? Muss man unbedingt vermeiden, Nein zu sagen und Grenzen zu setzen, weil man sonst jemanden verärgern könnte?

Wie wir schon gesehen haben, würden viele Perfektionisten dem zustimmen. Und hätten bestimmt »gute Argumente« parat, um zu begründen, warum man sich unbedingt an seinen Mitmenschen orientieren sollte. Weil man ja sonst ganz sicher abgelehnt werden würde oder schlimme Fehler machte. Besser man redet also dem Chef nach dem Mund, lächelt und bemüht sich, bloß nichts Falsches zu sagen und zu tun.

Auch das ist im Grunde ein Kinderglaube. Zum Glück denkt natürlich nicht JEDES Kind so. Aber wenn es in einer unsicheren, verwirrenden Umwelt aufwuchs, kann es sein, dass es so eine Strategie der Anpassung lernt und verinnerlicht. Und bis heute beibehält.

Vermeidung

Was unseren Perfektionismus immer schön am Laufen hält, ist das Prinzip der VERMEIDUNG. Auch als Erwachsene haben wir Ängste. Aber wir haben die Möglichkeit, uns genauer anzuschauen, was uns Angst macht. Und wir können uns bemühen, die vermeintliche Gefahr einzuschätzen und uns dann möglichst klug zu verhalten. Viele unserer Ängste erweisen sich dann wohl – jedenfalls in unserer sicheren westlichen Welt – als eher unbegründet oder zumindest übertrieben.

Ganz anders sieht das bei unserem kleinen Perfektionisten aus: Für ihn ist das, was ihm Angst macht, genauso real wie für einen Fünfjährigen die Monster in einem Film. Deshalb strengt er sich so sehr an, um uns dazu zu bringen, uns extrem anzustrengen und alles perfekt zu machen. Um dann immer wieder festzustellen, dass das Schlimme, das er so befürchtet, nicht eingetreten ist. Denn niemand kritisiert uns, wir werden nicht ausgelacht und dürfen weiterhin mitspielen.

Großartig, seine Strategie war also erfolgreich!

Dass wir aber auch nicht kritisiert oder ausgelacht worden wären, wenn wir NICHT alles perfekt gemacht hätten, erlebt er auf diese Weise natürlich nie. Und so gibt es nie einen Anlass, sein Denkmuster infrage zu stellen.

Dieses Verhalten nennt sich VERMEIDUNG. Am besten erklärt man es mit einem ganz anderen Beispiel: Sind Sie vielleicht mit einer Phobie vertraut? Dann wissen Sie, wie die Sache funktioniert. Zum Beispiel geht jemand mit Höhenangst instinktiv allen Gelegenheiten aus dem Weg, wo man von oben nach unten schauen muss. Sein Gehirn betrachtet dieses Verhalten als erfolgreich, denn das Befürchtete (der Absturz) bleibt ja aus.

Dass es vollkommen ungefährlich ist, auf einem Balkon zu stehen, ist dem Gehirn völlig egal. Denn es beurteilt Erfahrungen danach, ob sie uns beim Überleben geholfen haben. Wenn nichts Schlimmes geschieht, muss das Verhalten ja richtig gewesen sein. Und so bestätigt das Vermeidungsverhalten die Angst – und verstärkt sich damit selbst.

Würde jemand, der jede Aufgabe hundertprozentig erledigt und nie vor zwanzig Uhr das Büro verlässt, mal ein anderes Verhalten ausprobieren, würde er höchstwahrscheinlich feststellen, dass gar nichts Schlimmes geschieht. Höchstens ein Kollege oder der Chef kurz irritiert wären. Mehr nicht.

Vielleicht ist ihm dies, wenn er mental im Erwachsenen-Ich ist, sogar bewusst. Aber solange er sich scheut, ein anderes Verhalten auszuprobieren, kann er natürlich keine korrigierende Erfahrung machen.

Fällt Ihnen etwas zum Thema Vermeidung ein?

Gingen Ihnen beim Lesen Beispiele durch den Kopf, wie Sie den Blick auf Ängste oder Selbstzweifel vermeiden? Und dadurch womöglich Ihren kleinen Perfektionisten noch bestärken?

Rationalisierung und alternative Fakten

Annette, eine attraktive Frau Anfang fünfzig, ist im Fitnessstudio, und als sie sich gerade am ersten Gerät einrichtet, spürt sie, dass sie nicht allein ist: *Du bist ganz schön schwabbelig geworden*, bemerkt ihr innerer Kritiker beifällig.

Ihr kleiner Perfektionist ist auch zur Stelle und steigt natürlich sofort darauf ein:

Da hilft nur mehr Eisen! Streng dich gefälligst an! Die Frau am Nachbargerät, DIE hat 'ne nette akzeptable Figur. Er meinte die durchtrainierte Zwanzigjährige neben ihr. *Du solltest täglich trainieren. Und joggen. Und dich gesünder ernähren ...*

Und Annettes innerer Kritiker säuselt nur: *Vergiss es, du bist doch viel zu willensschwach.*

Das erzeugt natürlich richtige gute Laune! Vor allem, da sie mental gerade etwas schwächelt und damit anfällig ist für die Tiraden von Kritiker und Perfektionist. Wie die beiden Opas aus der Muppetshow ziehen sie mal wieder über sie her.

Aber haben sie nicht vielleicht auch ein bisschen recht, fragt sich Annette. *Ich hätte ja wirklich gern die Figur dieser Frau. Und sicherlich wäre es auch vernünftig, weniger Kohlenhydrate in mich hineinzustopfen. Zweifellos würde ich dann fitter und vielleicht sogar etwas jünger aussehen.*

Also: Ab sofort täglich Sport und Diät, das zieh ich durch! Tschacka. Sie legt sich richtig ins Zeug, zerrt sich einen Muskel und darf zwei Wochen sportmäßig pausieren.

Die Moral von der Geschichte?

Unser Gehirn ist verdammt gut darin, uns mit pseudo-rationalen Argumenten den größten Unsinn zu verkaufen – dem wir aber immer wieder gern auf den Leim gehen. Mit den Augen einer Erwachsenen betrachtet, ist Annette natürlich klar: Sie wird niemals aussehen wie eine Zwanzigjährige. Von radikalen Ernährungsänderungen hält sie eigentlich gar nichts. Und jeden Tag Sport machen? Sie WEISS doch, dass sie das nicht hinbekommt. Was ihr kleiner Perfektionist ihr einzureden versucht, ist total unsinnig. Auch wenn er vielleicht behauptet: *Ey, das sind eben alternative Fakten.*

Nein, es ist schlichtweg gelogen!

Aber genauso funktionieren eben RATIONALISIERUNGEN: Um unser Vermeidungsverhalten zu rechtfertigen, suchen wir uns Argumente, die vordergründig rational klingen. Schaut man allerdings genauer hin, sind sie alles andere als vernünftig.

Wenn Menschen zu mir kommen, die auf dem Weg in den Burn-out sind, haben sie fast immer solche »guten Gründe« parat, warum sie unmöglich ihre Messlatte etwas absenken können. Was aber Quatsch ist. Denn es hat ganz sicher nichts mit Vernunft zu tun, wenn jemand für den Job seine Gesundheit aufs Spiel setzt.

Mal Hand aufs Herz

Mit welchen »guten Argumenten« erklären Sie sich und anderen, warum Sie gar nicht anders können, als mindestens hundert Prozent zu geben?

Wie werde ich nur meine inneren Kinder los?!

Wenn Menschen bewusst wird, wie sehr sie sich von ihrem inneren Perfektionisten steuern lassen, kommt oft als Erstes die Frage: »Und wie werde ich den so schnell wie möglich los?«

Ich antworte dann: »Würden Sie mich das auch fragen ›Wie werde ich mein Kind am besten los?‹, wenn Ihr Sohn oder Ihre Tochter unter Ängsten litte und Ihnen Probleme machte?«

Natürlich nicht. Geht es aber um problematische Teile der eigenen Psyche, ist so mancher nicht gerade zimperlich: zum Schweigen bringen, loswerden, Hauptsache weg! Gingen Ihnen vielleicht beim Lesen auch solche Ideen durch den Kopf? Dann möchte ich Sie bitten, sich einmal ein verängstigtes Kind vorzustellen. Es fürchtet sich beispielsweise vor der Dunkelheit und ist sich ganz sicher, dass etwas Grauenhaftes geschieht, sobald das Licht ausgeht. Wie würden Sie mit diesem Kind umgehen? Ihm erklären, dass seine Angst dumm und unsinnig ist und es sich gefälligst nicht so anstellen soll? Oder es anschreien und ihm drohen? Das würde wohl kaum beruhigend wirken, oder?

Es wäre aber andererseits auch keine gute Idee, sich von der Angst des Kinds anstecken zu lassen und sich mit ihm gemeinsam zu gruseln: *Du meinst wirklich, da sind Monster im Dunkeln? Oh Gott!* Das würde unserem Kind wohl auch nicht die Angst nehmen. Einem ängstlichen Kind helfen wir am besten, wenn wir es zuerst einmal ernst nehmen, ihm zuhören, und versuchen, ihm Sicherheit zu vermitteln. Um dann gemeinsam mit ihm die Dunkelheit auszuhalten, damit es die Erfahrung macht, dass gar nichts Schlimmes geschieht. Und außerdem sollten wir als Erwachsene lernen, unser Kind mit seiner Angst auszuhalten.

Das wäre eine erwachsene Strategie – die genauso für den Umgang mit kindlichen Teilen unserer Psyche gilt. Darauf kommen wir später noch zurück.

Erwachsen ist es, Ängste auszuhalten, anstatt sie so lange wie möglich zu ignorieren und eine ANGST VOR DER ANGST zu kultivieren. Und ihnen freundlich, aber mit Abstand zu begegnen und einen kühlen Kopf zu bewahren. Um uns klug selbst zu managen, ist es vor allem wichtig, mental erwachsen zu bleiben oder sich erst einmal ins Erwachsenen-Ich zurückzuholen. Wie das geht, erfahren Sie im nächsten Kapitel.

Kinder wollen gar nicht den Job von Erwachsenen machen!

In einer stabilen, geschützten Umgebung wollen Kinder nur eines: Kinder sein, spielen, forschen, toben und Blödsinn machen. Die Aufgabe von Erwachsenen ist es, eine dafür geeignete Umgebung zu schaffen und Kinder möglichst nicht mit den eigenen Sorgen zu behelligen.

Wenn Erwachsene ihren Job aber nicht gut erledigen, vielleicht weil sie überfordert sind oder selber unreif oder gerade in einer Krise stecken, fühlen ihre Kinder sich aufgefordert, sich um die Eltern zu kümmern. Zum Beispiel bei einer Trennung, wenn die Kleinen glauben, Mama und Papa schützen oder aufmuntern zu müssen. Obwohl sie viel lieber spielen würden, übernehmen sie dann einen Job, der sie überfordert. Für den sie gar nicht den Überblick und die nötigen Fähigkeiten haben. Aber sie machen ihn eben so gut, wie sie können. Förderlich ist das für die kindliche Psyche natürlich nicht.

Sie ahnen bestimmt, worauf ich hinauswill: Unser kleiner Perfektionist will gar nicht unseren Job erledigen! Wenn wir uns nämlich vernünftig selbst managen und mental erwachsen sind, gibt er höchstwahrscheinlich Ruhe.

Wenn Sie beispielsweise gestresst sind und Kopflosigkeit droht. Und Sie sich Zeit nehmen, mal durchzuatmen und sich innerlich aufzurichten, bis Sie mental wieder Abstand gewinnen und bei sich sind: Dann lassen die Ich-muss-ich-kann-nicht-ich-darf-nicht-Gedanken nach. Weil Sie erwachsen Ihren Selbstmanagement-Job machen, brauchen sich kindliche Persönlichkeitsanteile dann gar nicht einzumischen.

Wenn uns also unser innerer Perfektionist mit seinen Ängsten auf die Nerven geht, ist das ABSOLUT NICHT seine Schuld! Sondern es liegt in UNSERER Verantwortung – weil wir unseren Job nicht vernünftig machen. Wenn man das so betrachtet, ist es doch ganz schön schräg, wenn jemand meint, seinen kleinen Perfektionisten unbedingt loswerden oder zum Schweigen bringen zu müssen, oder?

Wie wir es klüger angehen können, erfahren Sie gleich. Vorher möchte ich Sie bitten, noch einmal zusammenzufassen, was Sie bisher über Ihren kleinen Perfektionisten gelernt haben.

Ihr kleiner Perfektionist

Sie haben sich inzwischen ja schon einige Gedanken zu Ihrem kleinen Perfektionisten gemacht. Die können Sie hier noch einmal auf den Punkt bringen. Vielleicht hilft es Ihnen, sich noch einmal anzusehen, was Sie bisher notiert haben.

1. Was sind typische Sätze Ihres kleinen Perfektionisten?

2. In welchen Situationen und bei welchen Aufgaben meldet er sich besonders laut?

3.

Welche Rolle spielt Ihr Perfektionist im Job?

4.

Gibt es Menschen, die Sie dazu bringen, zu viel von sich selbst zu verlangen?

5.

Was glaubt Ihr kleiner Perfektionist, was geschehen würde, wenn Sie etwas **nicht** perfekt machen?

6.

Was sind typische Anklagen Ihres inneren Kritikers, wenn er meint, Sie haben etwas nicht gut genug gemacht – oder dass Sie nicht gut genug sind?

7. Schauen Sie bitte noch einmal, was Sie sich zu Ihren Testergebnissen im dritten Kapitel notiert haben: Was sind für Sie die wichtigsten Erkenntnisse daraus?

8. Und schließlich: Was möchten Sie verändern, wie möchten Sie in Zukunft mit sich umgehen? (Kleiner Tipp: Wenn Sie »nicht mehr so perfektionistisch« sein wollen – wie wollen Sie denn lieber denken und handeln?)

Wenn Ihnen hier der Platz für Ihre Antworten nicht ausreicht, nutzen Sie bitte auch Ihr Notizheft dafür.

6. Kapitel
Tunnelblick adé – so gehen Sie klug mit Ihrem kleinen Perfektionisten um

In den letzten beiden Kapiteln ging es mir darum, Ihnen die psychologischen Hintergründe zum Perfektionismus zu erklären. Jetzt heißt es »Butter bei die Fische«, wie man bei uns in Hamburg sagt. Denn nun geht's an die Arbeit und damit ran an den kleinen Perfektionisten!

Ganz zum Schweigen bringen oder gar loswerden können wir ihn, wie gesagt, nicht. Weil er ja ein Teil unserer Persönlichkeit ist und damit zu uns gehört – ob es uns passt oder nicht. So wie schräge Verwandte, mit denen man zwar auch nicht allzu viel zu tun haben möchte, die aber nun mal zur Familie gehören. Was allerdings nicht bedeutet, dass man sich von ihnen auf der Nase herumtanzen lässt. Genauso wenig wie von seinem kleinen Perfektionisten.

Das ist nur leichter gesagt als getan, klar. Zu verstehen, warum wir ihm das Steuer überlassen, ist schon mal ein guter Anfang. Aber Verständnis allein reicht leider nicht aus. Wir brauchen auch etwas Entschlossenheit, Disziplin und Knowhow, um zu lernen, uns selbst klug zu steuern – und vor allem konstruktiver zu motivieren, als nur mit Druck und viel zu hohen Messlatten.

So einen psychologisch klugen Umgang mit uns selbst und unseren Ängsten, Zweifeln und kindlichen Anteilen nenne ich MENTALES SELBSTMANAGEMENT. Darum geht es in diesem Kapitel.

Wenn die Lösung Teil des Problems ist

Ach, so viel Psychokram brauche ich gar nicht! Sagen Sie mir doch einfach, was ich am besten tun und denken soll. Wenn ich weiß, was richtig ist, kann ich das umsetzen und aus die Maus.

Tja, wenn es doch so einfach wäre! Wenn man uns erklären könnte, was »richtiges und falsches Denken« ist, und wir uns dann nur noch daran halten müssten. Manche Menschen, die zu mir ins Coaching kommen, erwarten tatsächlich, dass es für jedes Problem eine eindeutige, schnelle und effiziente Lösung gibt. Im Job funktioniere es schließlich auch so (glauben sie jedenfalls). Denn Zeit ist knapp und teuer, und man hat ja noch anderes zu erledigen. Und so eine ärgerliche Angewohnheit wie die Neigung zum Perfektionismus wird man doch wohl in den Griff kriegen können …

Leider ist unsere Psyche mit ein paar guten Vorsätzen und Tricks nicht zu verändern. Oder zum Glück, denn sonst wäre sie ja eine ziemlich wankelmütige Einrichtung. Der Glaube, komplexe Probleme – und unser Perfektionismus IST ein komplexes Problem – auf schnelle, einfache Weise aus der Welt schaffen zu können, hilft uns ganz sicher nicht bei der Lösung. Eher ist er Teil des Problems! Denn so kultiviert man nur Hektik, Schwarz-Weiß-Denken oder Aktionismus, anstatt neue und konstruktivere Denkweisen zu entwickeln.

Deshalb möchte ich Ihnen hier noch mal ans Herz legen:

Nehmen Sie sich bitte für dieses und das nächste Kapitel ausreichend Zeit. Nutzen Sie die Übungen, trainieren Sie viel, und seien Sie vor allem geduldig mit sich. Gerade wenn Sie schon seit Ewigkeiten Ihrem kleinen Perfektionisten das Steuer überlassen haben, können Sie doch kaum erwarten, dass er sich von heute auf morgen zurückzieht und darauf vertraut, dass jetzt Sie als Erwachsener den Kurs bestimmen, oder?

Ihr(e) Perfektionismus-Marker

Merken Sie eigentlich, wenn Ihr kleiner Perfektionist Ihr Denken und Handeln bestimmt? Die Frage ist nicht so simpel, wie sie vielleicht klingt. Denn wenn wir glauben, perfekt sein zu müssen, stehen wir wahrscheinlich unter Stress, und der bewirkt (wie wir gleich noch genauer sehen werden), dass unsere Selbstwahrnehmung herunter- oder ganz abgeschaltet wird. Wir laufen dann wie auf Autopilot, spüren weder Hunger noch Erschöpfung und merken gar nicht, was wir tun und denken.

Solange wir aber nicht wahrnehmen, was in unseren Köpfen geschieht, wenn der kleine Perfektionist das Kommando hat, können wir auch nicht eingreifen und uns selbst klüger managen. Deshalb besteht der erste Schritt darin, Ihre Wahrnehmung zu trainieren:

Schauen Sie sich dafür bitte noch einmal an,

was Sie vor diesem Kapitel zu Ihren typischen Perfektionismus-Situationen und -Auslösern notiert haben. Was geschieht in Ihnen, wenn Sie innerlich in den Ich-muss-, Ich-kann-unmöglich-, Ich-darf-auf-keinen-Fall-Modus schalten? Wenn Ihr kleiner Perfektionist Sie also mal wieder auffordert, mindestens 100 Prozent zu geben? Was nehmen Sie dann wahr? Gibt es bestimmte Reaktionen, die bei Ihnen dann ablaufen?

Das können Gedanken, Sätze oder Bilder sein, Gefühle wie Angst oder Verwirrung oder auch körperliche Erscheinungen wie Druck im Bauch oder Enge in der Brust. Unsere Reaktionen auf innere Konflikte sind nämlich ziemlich konstant, auch wenn sie von Mensch zu Mensch recht unterschiedlich ausfallen.

Ich nenne diese individuelle Reaktion PERFEKTIONISMUS-MARKER. Vielleicht ist als Erstes ein Gedanke wie »Ich muss unbedingt ...« wahrnehmbar, der augenblicklich alle anderen Gedanken verdrängt. Oder ein starker »Aktionismus-Druck«, sodass man glaubt, sofort handeln zu müssen. Manche Menschen fühlen sich vor allem verwirrt oder als würde man ihnen den Boden unter den Füßen wegziehen.

Ich persönlich bemerke Perfektionismus-Gefahr meistens zuerst an einem plötzlichen Laune-Abfall. Wenn ich eben noch motiviert und energievoll war, habe ich auf einmal keine Lust mehr und finde mein Vorhaben total blöd. Dann weiß ich, dass mein kleiner Perfektionist mit seinem viel zu hohen Anspruch seine Hände im Spiel hat. Wahrscheinlich zusammen mit Hermann, meinem inneren Kritiker …

Wie sieht es bei Ihnen aus?

Mein(e) Perfektionismus-Marker:

_____

_____

_____

_____

Ich schlage Ihnen vor, dass Sie in den nächsten Tagen Ihre(n) Marker besonders im Blick haben. Oder danach Ausschau halten, falls Ihnen jetzt noch nichts dazu einfällt.

Wenn wir unsere Perfektionismus-Marker identifiziert haben, verfügen wir über ein prima Alarmsignal. Unser kleiner Perfektionist ist ja besonders dann aktiv, wenn wir ohnehin unter starkem innerem und/oder äußerem Druck stehen. Je höher unser Stresslevel dann ist, desto schwerer fällt uns, klar zu denken. Umso wichtiger also, ein möglichst EINFACHES Alarmsignal zu haben.

Je intensiver wir unsere Wahrnehmung dafür trainieren, desto schneller können wir bemerken, was in uns geschieht. Anfangs kann es Stunden dauern, vielleicht realisiert man erst am Abend, dass man tagsüber die meiste Zeit im Perfektionismus-Modus unterwegs war. Das ist ganz normal und schon ein erster wichtiger Schritt. Mit dem Training wird die Wahrnehmung immer schneller, bis man seine Marker sofort bemerkt und reagieren kann.

Seien Sie also bitte nicht enttäuscht von sich, wenn die Sache nicht auf Anhieb klappt.

Der nächste Schritt: Machen Sie sich mental erwachsen!

Diese Aufforderung klingt wahrscheinlich erst einmal ziemlich schräg. Wie soll man sich »erwachsen machen«? Und was heißt das überhaupt?

Die Theorie dazu kennen Sie ja schon: Wir haben verschiedene mentale Zustände, können im ERWACHSENEN-ICH sein, aber auch in einem kindlichen Zustand, nämlich im KIND-ICH oder im ELTERN-ICH. Aber vielleicht erscheinen Ihnen diese Begriffe noch sehr theoretisch? Haben Sie noch keine Vorstellung, was ich mit einer mental erwachsenen Haltung konkret meine?

Im Erwachsenen-Ich zu sein, ist kein Psycho-Kram und nichts Esoterisches, sondern ein wahrnehmbarer Zustand, den Sie ganz sicher kennen. Auch wenn Sie vielleicht bisher noch keinen Namen dafür hatten.

Mit der Technik, die ich Ihnen jetzt erkläre, möchte ich Ihnen zuerst einmal vermitteln, was ich unter einer erwachsenen Haltung verstehe. Und darüber hinaus wird sie Ihnen helfen, sich innerlich aufzurichten, vor allem wenn Ihr Perfektionismus-Marker anschlägt oder Sie sich mental wackelig fühlen.

Probieren Sie sie doch einfach mal aus, ich bin mir sicher, dadurch wird vieles klarer. Sie brauchen dafür allerdings ein wenig innere Ruhe, deshalb sollten Sie die Übung nicht zwischen Tür und Angel machen.

So bringen Sie sich in einen mental erwachsenen Zustand

Diese Technik benötigt nur wenige Minuten. Am besten probieren Sie sie zuerst im Stehen aus. Machen Sie sich erst einmal richtig lang, strecken und bewegen Sie sich, oder vielleicht schütteln Sie sich auch mal kurz – was immer Ihnen guttut, um zu sich zu kommen. Es ist hier nämlich besonders wichtig, dass Sie sich und Ihren Körper spüren und wahrnehmen.

Stellen Sie sich stabil und möglichst aufrecht hin. Heben Sie den Kopf so, dass Sie gerade nach vorn schauen können. Ziehen Sie die Schultern leicht zurück, sodass Raum im Brustkorb entsteht. Atmen Sie einige Male tief ein und aus. Spüren Sie dabei sich und Ihren Körper, so gut es Ihnen im Moment möglich ist. Richten Sie dabei Ihre Aufmerksamkeit bewusst auf sich selbst, Ihren Atem und Ihren Körper. Dann sagen Sie laut oder in Gedanken den Satz:

»Ich bin eine erwachsene Frau.« / »Ich bin ein erwachsener Mann.«

Machen Sie sich damit beispielsweise bewusst, dass
- Sie wissen, wer Sie sind,
- allein Sie über sich und Ihr Leben entscheiden und
- Sie Respekt verdienen.

Wiederholen Sie den Satz einige Male, machen Sie sich vertraut mit ihm und dem Gedanken, erwachsen zu sein. Versuchen Sie, Ihre aufrechte Körperhaltung und Ihre »mentale Aufrichtung« miteinander zu verbinden. Probieren Sie es auch im Sitzen aus. Auch wenn Sie natürlich wissen, dass Sie erwachsen sind, ist diese bewusste Sichtweise vielleicht etwas Ungewohntes für Sie.

Ich schlage Ihnen vor, dass Sie diese Übung in den nächsten Tagen in verschiedenen Situationen ausprobieren: vielleicht im Büro, nach dem Aufstehen, im Bus oder beim Spazierengehen. So wird es immer selbstverständlicher, bewusst eine erwachsene Haltung einzunehmen.

Konnten Sie sich auf die Übung einlassen?

Dann haben Sie wahrscheinlich festgestellt, dass Sie mit ihrer Hilfe mehr zu sich kommen und sich selbstbewusster fühlen. Diese innere Haltung meine ich, wenn ich vom Erwachsenen-Ich spreche. Es ist also gar nichts Ungewöhnliches oder Exotisches.

Das Entscheidende ist, dass wir in diesem mentalen Zustand uns selbst wahrnehmen – und damit inneren Abstand herstellen zu unseren kindlichen und elterlichen Anteilen und ihren Ängsten, Zweifeln und Zwängen. Die werden dadurch zwar nicht verschwinden, aber wir überlassen ihnen nicht mehr automatisch das Steuer. Und das ist ein großer Schritt!

Auszusprechen, EIN(E) ERWACHSENE(R) FRAU / MANN ZU SEIN, ist übrigens für manche anfangs ungewohnt oder sogar unangenehm. Vor allem dann, wenn man bisher mit dem Erwachsensein etwas Negatives verbindet wie zum Beispiel Spießigkeit, Langeweile oder zu hohe Verantwortung. Erwachsen zu sein als Einschränkung zu verstehen, ist im Grunde eine kindliche Vorstellung. Wenn Sie bei sich solche Widerstände wahrnehmen sollten, ist es sinnvoll, Ihr

Erwachsenenbild mal genauer anzuschauen und geradezurücken. Sich diesen Satz nur immer wieder »aufzusagen«, bringt gar nichts und macht uns keinen Deut erwachsener. Wir müssen ihn schon mit Leben füllen, um damit eine positive, erwachsene Haltung zu trainieren.

Möchten Sie Ihre Gedanken dazu festhalten?

(Mental) erwachsen zu sein, bedeutet für mich:

Ganz schön wackelig

Wenn Menschen an ihrer Erwachsenen-Ich-Haltung arbeiten, sind sie anfangs oft frustriert, weil sie feststellen, dass diese Haltung nicht lange anhält. Eben waren sie noch ganz bei sich – aber im nächsten Moment sind sie schon wieder von negativen, einengenden oder kindlichen Gedankenmustern verunsichert.

Ging es Ihnen eben auch so? Meldeten sich »unerwachsene« Stimmen zu Wort wie:

Das ist doch Blödsinn! Soll das etwa meine Probleme lösen? Ich habe doch keine Wahl ...

Oder versuchte Ihr kleiner Perfektionist Ihnen einzureden, dass Sie die Übung gefälligst besser, intensiver oder schneller zu erledigen hätten?

Das wäre völlig normal. Im Alltag merken wir nur selten, wie oft wir zwischen verschiedenen Ich-Zuständen hin und her schwanken. Wenn wir aber darauf achten, wird uns erst bewusst, wie wackelig unsere Psyche sein kann. Gerade wenn es um schwierige Themen wie unsere Ansprüche, Versagensängste oder die Erwartungen anderer geht, ist es wirklich nicht leicht, stabil erwachsen und bei sich zu bleiben.

So ein Schwanken zeugt lediglich von einem inneren Konflikt zwischen unserem bewussten Selbstbild und unseren Wünschen auf der einen Seite – und inneren Widerständen, Ängsten und kindlichen Lösungsversuchen auf der anderen.

Übrigens: Gerade Menschen, die zu starken Selbstzweifeln neigen, erklären sich schnell für »hoffnungslose Fälle«, wenn sie sich nicht stabil im Erwachsenen-Ich halten können. *Sind meine inneren kindlichen Widerstände so stark, bin ich wohl zu schwach.* Aber das ist Unsinn.

Um uns von unserem kleinen Perfektionisten unabhängiger zu machen, brauchen wir wirklich keine Superkräfte. Denn wie stabil wir mental erwachsen bleiben können, ist keine Frage unserer – vermeintlich zu schwachen – Persönlichkeit, sondern vor allem das Resultat unserer Trainingsbemühungen.

Im nächsten Kapitel wird es darum gehen, wie Sie sich in Zukunft klüger motivieren und sich produktivere Ziele setzen können. Und das wird Ihnen viel leichter fallen, wenn Sie dabei bewusst eine erwachsene Haltung einnehmen können.

Vorher müssen wir uns aber noch mit dem wohl größten Hindernis auf dem Weg dorthin befassen:

!!!STRESS!!!

In der Studie der Techniker Krankenkasse, die ich schon in der Einleitung zitiert habe, nannten ja 43 Prozent der Teilnehmer einen zu hohen Anspruch an sich selbst als zweitwichtigsten Stressfaktor. Was mich erstaunte: 56 Prozent der Befragten gaben an, dass sie sich trotzdem nicht mit der eigenen Einstellung auseinandersetzten, also nur der Strategie »Augen zu und durch« folgten. Und wir wissen ja: Eine zu hohe Messlatte erzeugt jede Menge Stress! Was unseren kleinen Perfektionisten alarmiert und dazu bringt, die Messlatte nur noch etwas höher zu legen.

Dabei ist unser STRESSSYSTEM an sich eine sehr praktische Einrichtung – jedenfalls solange wir es für die Probleme verwenden, für das es spezialisiert ist. Und hier fängt der Schlamassel an ...

Was unsere Spezies auszeichnet, ist unser Großhirn, das uns zwar zu tollen Denkleistungen befähigt, allerdings einen großen Nachteil hat: Es arbeitet ziemlich langsam. Wenn Sie diesen Text lesen oder verstehen wollen, wie Ihr neues Smartphone funktioniert, spielt die Denk-Geschwindigkeit keine große Rolle.

Aber mit Situationen, die unbedingt eine schnelle Reaktion erfordern, ist unser Großhirn total überfordert. Kommt mir beispielsweise auf der Autobahn ein Geisterfahrer entgegen, werde ich bestimmt nicht zuerst meine Optionen durchdenken und die Gefahr differenziert analysieren. Sonst stünde ich wohl schon vor meinem Schöpfer, wenn die Analyse abgeschlossen ist.

Nein, in diesen Situationen reagiert nicht mein Großhirn, sondern mein Stresssystem, das für solche gefährlichen Momente konstruiert wurde. Es ist wahnsinnig schnell, funktioniert unbewusst und lässt uns reflexhaft handeln. Dafür greift es über verschiedene Botenstoffe wie Adrenalin und Cortisol direkt auf unseren Körper zu und umgeht so das gemächliche Großhirn. Wir bemerken sein Wirken deshalb immer erst, wenn es schon auf Hochtouren läuft.

Dabei bewirkt Stress auch den schon erwähnten TUNNELBLICK: Ich nehme dann nämlich nur noch die Gefahr wahr, während alles drumherum ausgeblendet wird. Was natürlich Sinn macht, weil ich mich ganz auf den Geisterfahrer konzentrieren und so den Zusammenstoß (und das Treffen mit meinem Schöpfer) hoffentlich vermeiden kann.

Alles super also?

Würde sich unser Stresssystem ausschließlich in akuten Gefahrensituationen einschalten, wäre wirklich alles super. Aber das tut es bekanntlich nicht, sondern es springt auch an, wenn wir mit NICHT lebensgefährlichen Situationen konfrontiert werden. Zum Beispiel wenn unser kleiner Perfektionist Gefahren ausmacht: Wir könnten scheitern, man könnte uns kritisieren, auslachen und nicht mehr lieb haben oder der Chef uns tadeln und entlassen. Schreckliche und ganz reale Gefahren – jedenfalls durch Kinderaugen betrachtet.

Im Erwachsenen-Ich fällt unsere Einschätzung natürlich etwas anders aus. Da unser Stresssystem aber so schnell ist, hat es schon reagiert und seine Arbeit aufgenommen, bevor wir überhaupt merken, was los ist. Mit all seinen Konsequenzen: einem erhöhten Blutdruck und Pulsschlag, flacher Atmung und heruntergefahrenem Immunsystem. Die Muskulatur ist schön angespannt, gut durchblutet und bereit für den Kampf um Leben und Tod.

Aber anders als der Geisterfahrer verschwinden unsere alltäglichen Stressauslöser nicht so schnell wieder. Nein, der Stress, mit dem wir hauptsächlich zu tun haben, hält oft über Wochen und Monate an. Bei manchen Menschen sorgt ihr kleiner Perfektionist dafür, dass Sie ständig mental und körperlich im Ausnahmezustand sind. Und der macht sie früher oder später krank, denn für den Dauerbetrieb ist dieses System überhaupt nicht ausgelegt.

Wir müssen uns also nicht nur mit unserem Perfektionisten herumärgern, weil der uns ständig ins Steuerrad greift. Auch unser Körper ist im Stressmodus, und unser Tunnelblick lässt uns nur noch die vermeintlichen Gefahren wahrnehmen und überschätzen. Wir sind dann nicht mehr im Erwachsenen-Ich und damit kaum in der Lage, die Situation vernünftig einzuordnen und nach klügeren Lösungen zu suchen.

Ganz schön verzwickt.

Welche Rolle spielt Stress bei Ihnen?

Ich möchte Sie bitten, hier mal kurz innezuhalten und zu überlegen: Wie häufig fühlen Sie sich gestresst? Sehen Sie einen Zusammenhang zwischen Stress und Ihrer Neigung zum Perfektionismus? Wie macht sich Stress bei Ihnen bemerkbar?

Teufelskreise und wie man sie unterbricht

Wie wir denken und fühlen, ist eng verknüpft mit unserem Körper. Ob ich mental entspannt oder angespannt bin, wird sich in meiner Körperspannung ausdrücken. Und wenn ich mich traurig fühle, hängen wahrscheinlich auch meine Schultern durch. Unser Körper spiegelt also in jedem Moment unsere mentale Lage wider.

Umgekehrt funktioniert es genauso: Entspanne ich bewusst meine Muskulatur, wird ans Gehirn gemeldet: *Alles cool, wir sind relaxt!* Auf diese Weise wirken zum Beispiel autogenes Training oder Yoga. Obwohl meine Situation unverändert ist, fühle ich mich gelassener, nur weil mein Körper entspannter ist. Oder wenn ich über längere Zeit lächele, steigt allein dadurch meine Laune. Sie haben vielleicht schon einmal gehört: *Wir weinen, weil wir traurig sind, und wir sind traurig, weil wir weinen.* Beides ist richtig.

Kopf und Körper sind also durch Rückkopplungen eng miteinander verbunden, was den schon erwähnten Teufelskreis erklärt: Wenn wir uns unter Perfektionismus-Druck setzen, reagiert der Körper mit Stress und Anspannung und meldet ans Gehirn: *Alarm, die Situation ist echt gefährlich!* Was natürlich den mentalen Druck weiter erhöht und damit wiederum die körperliche Anspannung und so weiter ...

Um aus so einem Teufelskreis herauszukommen, reicht es nicht, sich selbst zu sagen, dass ja alles gar nicht so bedrohlich sei, wie es sich anfühlt. »Vernünftig« mit seinem kleinen Perfektionisten zu reden, wenn der gerade in Panik ist – das bekommen wir nicht hin, wenn unser Stresspegel zu hoch ist. Weil wir dann kaum noch im Erwachsenen-Ich sind und damit nicht wirklich zurechnungs- und handlungsfähig.

Was es dann braucht, ist eine einfache Technik, den Teufelskreis zuerst einmal zu unterbrechen und zurück ins Erwachsenen-Ich zu kommen. Dann kann man sich auch wieder um die Situation und ihre Herausforderungen kümmern.

Und so kommen Sie raus aus dem Teufelskreis

Nehmen wir an, Ihr kleiner Perfektionist sitzt Ihnen mal wieder so richtig im Nacken. Er redet auf Sie ein, dass Sie sich mehr anstrengen müssen, weil ja sonst alles ganz fürchterlich wird und so weiter. Sie spüren, wie Ihr innerer Stresspegel steigt, und Sie sind kurz davor, Ihrem Perfektionisten nachzugeben.

Für solche kritischen Situationen, in denen man innerlich wackelt und aus dem Erwachsenen-Ich zu kippen droht, habe ich eine Technik entwickelt, die ich WSP nenne:

> **W**ahrnehmen
> **S**toppen
> **P**ositionieren

Es ist eine wirklich einfache Technik, und das muss sie, wie gesagt, auch sein. Denn wie wir eben gesehen haben: Je höher der Stresspegel und je enger der Tunnelblick, desto weniger können wir differenziert über unsere Optionen nachdenken.

1.) Angenommen, Sie werden innerlich wackelig.

Ich muss, ich kann doch nicht, ohgottogott ... Wichtig ist jetzt, dass Sie bewusst wahrnehmen, dass Sie wackelig sind. Sie brauchen gar nicht zu verstehen, was genau in Ihnen vorgeht. Hier hilft Ihnen Ihr Perfektionismus-Marker, der Sie schnell erkennen lässt, dass Gefahr im Anzug ist. Noch mal zur Erinnerung – körperliche Anzeichen dafür können sein:

- Es wird einem heiß oder kalt,
- man spürt Druck in der Brust oder im Bauch,
- der Atem wird flach oder
- man verkrampft sich.

Dazu kommen typische Gedanken wie:
- Ich muss mich mehr anstrengen,
- es gibt keine Alternative,
- das reicht nicht, sonst geschieht etwas Schreckliches …

2. Okay, Sie nehmen also Alarmsignale wahr. Was tun?

Jetzt hilft nur eines: stopp!

Dazu stehen Sie am besten auf oder setzen sich zumindest gerade hin. Das kennen Sie ja schon aus der Übung SO BRINGEN SIE SICH IN EINEN MENTAL ERWACHSENEN ZUSTAND. Inzwischen wissen Sie auch, warum es so wichtig ist, seinen Körper einzubeziehen, und genau das tun Sie jetzt. Indem Sie aufstehen, sich bewegen und vor allem einige Male tief durchatmen. Sie konzentrieren sich auf Ihren Körper und entspannen ihn so gut wie möglich, um den Stress-Teufelskreis zu durchbrechen.

GANZ WICHTIG: Unterbrechen Sie auch den Tunnelblick, indem Sie sich bewusst von Ihrem Stressauslöser abwenden! Starren Sie also nicht weiter auf den Monitor, die E-Mail, den Berg von Arbeit oder was auch immer Ihren Stress auslöst. Schieben Sie perfektionistische Gedanken bewusst beiseite. Sagen Sie sich in Gedanken (oder auch laut, wenn das geht): *Stopp! Schluss! Aus!*

③ Wenn Sie spüren, dass Sie Distanz zu Ihrem Stressauslöser gewonnen haben,

können Sie sich jetzt neu positionieren, nämlich im Erwachsenen-Ich. Dabei hilft Ihnen das »Mantra«, das Sie ja schon kennen:

»Ich bin eine erwachsene Frau.« / »Ich bin ein erwachsener Mann.«

Sollte Ihnen übrigens dieser Satz gar nicht behagen, gibt es bestimmt eine Alternative wie zum Beispiel: »Ich bin ein Profi.« oder vielleicht auch »Ich sorge dafür, dass es mir gut geht.«

Sinn der Sache ist NICHT, diesen Satz nur aufzusagen! Er soll nicht nur Affirmation oder ein positiver Gedanke sein, denn das wäre zu wenig. Es geht vielmehr darum, den Satz mit Ihrer erwachsenen Haltung zu verbinden und körperlich zu verstärken.

Erst wenn Sie einigermaßen stabil im Erwachsenen-Ich angekommen sind, wenden Sie sich wieder Ihrem Problem/Thema zu, das Sie eben ins Wackeln gebracht hat. Aber jetzt natürlich mit dem Differenzierungsvermögen eines Erwachsenen!

Sie haben ja schon mit der Technik zu Beginn des Kapitels geübt, sich bewusst in einen erwachsenen Zustand zu bringen. Die WSP-Technik ergänzt dies nur mit dem bewussten Wahrnehmen und Stoppen, um damit auch unter Stress einen kühlen Kopf zu behalten.

Das wird wahrscheinlich nicht sofort perfekt funktionieren, sondern braucht etwas Training. Deshalb reicht es nicht, sich lediglich vorzunehmen, das »bei der nächsten stressigen Situation mal auszuprobieren«. Das wird nicht klappen.

Am besten trainieren Sie möglichst häufig die Übung SO BRINGEN SIE SICH IN EINEN MENTAL ERWACHSENEN ZUSTAND – auch ohne Druck von außen. Um dann bei den ersten Anzeichen »mentalen Wackelns« die WSP-Technik zu verwenden. Je öfter Sie üben, desto leichter wird es Ihnen fallen, wenn es das nächste Mal ernsthaft stressig wird.

Das Tolle daran: Man kann diese Übungen überall machen, ohne dass es jemand mitbekommt.

Achtsam statt aktionistisch

Sie mögen jetzt denken: *Soll das etwa die ganze Lösung sein?* Nein, eine mental erwachsene Haltung zu trainieren, ist nicht die ganze Lösung des Problems Perfektionismus. Aber es ist die psychologische Grundlage dafür, ohne die es ganz bestimmt nicht geht.

Dazu ein kleiner Schlenker:

Jemand begegnet im Wald einem Holzfäller, der schwitzend und schnaufend dabei ist, einen riesigen Berg von Baumstämmen zu zersägen.

»Ich würde die Säge mal schärfen – die ist doch total stumpf«, rät er ihm.

»Nein, dafür habe ich absolut keine Zeit! Sie sehen doch, wie viele Stämme ich noch zu sägen habe ...«

Albern? Na ja, aber so ähnlich verhalten sich tatsächlich viele Menschen. Sie haben eine Menge zu tun, und ihr kleiner Perfektionist hat die Messlatte schon gefährlich hoch gelegt. Eigentlich höchste Zeit, mal innezuhalten und zu überlegen, was am besten zu tun ist. Messlatte runter und ein paar Aufgaben streichen? Das wäre wohl klug. Aber nein, für solchen Schnickschnack haben sie doch keine Zeit! Und machen kopflos weiter.

Ich möchte Ihnen noch einmal ans Herz legen, die Bedeutung einer selbstbewussten, erwachsenen und professionellen Haltung auf keinen Fall zu unterschätzen! Machen Sie es bitte nicht wie so viele Zeitgenossen, die lieber immer wieder in Aktionismus verfallen – anstatt erst einmal zu sich zu kommen und dann gezielt aktiv zu werden.

Nehmen Sie Ihren kleinen Perfektionisten bitte mit!

Damit es Ihnen gelingt, sowohl Ihre mentale Haltung als auch Ihren kleinen Perfektionisten im Alltag im Blick zu behalten, schlage ich Ihnen folgende Erinnerungshilfe vor:

Nehmen Sie sich eine kleine Pappkarte, gern in einer Farbe, die für Sie zu Ihrem Perfektionisten passt (Meiner ist übrigens lila.), und schreiben Sie darauf:

Mein (kleiner) Perfektionist

oder Sie geben ihr/ihm einen Namen, der Ihnen angemessener erscheint.

Notieren Sie darunter den Satz, den er am häufigsten zu Ihnen sagt. Zum Beispiel: *Du musst dir viel mehr Mühe geben und es genauso machen, wie man es von dir verlangt!*

Mein (kleiner) Perfektionist

*Du musst dir viel mehr Mühe geben
und es genauso machen,
wie man es von dir verlangt!*

Tragen Sie diese Karte bitte für einige Wochen immer bei sich, auch im Job. Natürlich müssen Sie sie niemandem zeigen – es reicht, sie in der Tasche zu haben. Wenn Sie zu Hause sind, können Sie sie dort gut sichtbar aufhängen. Vielleicht am Kühlschrank oder Badezimmerspiegel?

Bisher tauchte Ihr kleiner Perfektionist ja auf, wenn ER es für notwendig hielt. Plötzlich ploppte dann ein typischer Gedanke auf wie »Ich muss es besser machen!«. Und Sie waren bestimmt total überrumpelt und damit eher wehrlos, und Ihr Stresssystem lief schon auf Hochtouren.

Aber ab sofort läuft es umgekehrt: Sie als erwachsener Mensch ENTSCHEIDEN, diesen Teil Ihrer Persönlichkeit bewusst mitzunehmen und zu beobachten. Damit haben nämlich jetzt SIE das Heft des Handelns in der Hand – und nicht mehr Ihr kleiner Perfektionist mit seinen Ängsten und Zweifeln.

Das klingt für Sie merkwürdig? Machen Sie es trotzdem! Als Erwachsene dürfen wir doch auch mal merkwürdige Dinge ausprobieren, oder? Ich habe schon sehr vielen Menschen genau diese Übung ans Herz gelegt. Bei fast allen bewirkte es nach kurzer Zeit, dass ihr kleiner Perfektionist nicht mehr automatisch das Kommando hatte.

Notizen

Ich schlage vor, dass Sie sich für mindestens zwei Wochen abends oder auch zwischendurch Notizen machen und Ihre Beobachtungen festhalten.

Wenn Sie Ihren Perfektionisten genau beobachten, stärkt dies auch Ihre erwachsene Haltung. Denn nur im Erwachsenen-Ich sind wir überhaupt in der Lage, achtsam zu sein und Persönlichkeitsanteile und Denkmuster bewusst wahrzunehmen. Das Notieren unterstützt dies noch.

Sollte Ihnen jetzt der Gedanke in den Sinn kommen, dass Sie dafür doch gar keine Zeit haben: Denken Sie an den Holzfäller! Einige Minuten am Tag sind wirklich eine gute Investition in Ihr Selbstmanagement, oder?

Übrigens

Wenn Sie bei der Arbeit mit diesem Buch über andere (nervige) Teile Ihrer Persönlichkeit gestolpert sind, können Sie diese Übungen und Werkzeuge natürlich auch für den Umgang mit ihnen verwenden. Zum Beispiel für DEN INNEREN KRITIKER, DEN KLEINEN AKTIONISTEN, DEN ALLES-ALLEN-RECHTMACHER, DAS INNERE MAUERBLÜMCHEN oder, oder, oder …

Ob es uns passt oder nicht – wir alle tragen ängstliche, kritische, zweifelnde oder eben perfektionistische Anteile in uns. Mithilfe dieser Werkzeuge und Übungen wird es Ihnen gelingen, immer mehr Distanz zu ihnen aufzubauen und stabiler im Erwachsenen-Ich zu bleiben.

Letztlich geht es darum zu lernen, diese nicht immer angenehmen Seiten unserer Persönlichkeit AUSZUHALTEN. Wie mit einem verängstigten Kind, dem wir helfen, gemeinsam mit uns seine Angst auszuhalten, damit es sich sicher fühlt und lernen kann, dass ihm gar nichts Schlimmes droht.

Zum Kapitel-Schluss noch ein Rat

Eine starke Neigung zum Perfektionismus kann heftige Krisen auslösen oder verschlimmern. Ich habe es ja schon erwähnt: Wenn Menschen auf dem Weg in einen Burn-out sind, hat dabei ein zu hoher Anspruch an sich selbst sehr häufig seine Hand im Spiel. Die bekannten Konsequenzen sind Erschöpfung bis zu

Krankheiten und körperlichen und seelischen Krisen. Hoher Druck von außen, unklare und zu hohe Erwartungen an sich selbst, innerer Druck, der Glaube, es anderen recht machen zu müssen, Stress und mangelnde Selbstfürsorge VERSTÄRKEN sich oft gegenseitig – bis es eines Tages nicht mehr geht.

Bei einigen Menschen kommt dazu noch eine zunehmende SELBSTABWERTUNG: Weil sie ihre Messlatten so hoch legen und ständig daran scheitern, geht ihr Selbstwert immer tiefer in den Keller. Der Tunnelblick richtet sich dann mehr und mehr auf das – gefühlte! – eigene Versagen. Frustration und Enttäuschung führen dazu, sich selbst, die eigene Persönlichkeit und manchmal auch das Äußere immer stärker zu entwerten, abzulehnen oder gar zu verachten.

Tatsächlich habe ich schon Menschen – Frauen wie Männer – getroffen, die mir völlig selbstverständlich erklärten, wie dumm, inkompetent, in jeder Hinsicht weit unterdurchschnittlich oder hässlich sie sich selbst sahen. Das waren übrigens niemals Menschen, die tatsächlich erfolglos waren oder mir auch nur ansatzweise unattraktiv erschienen! Sozialer Rückzug und totale Konzentration auf Leistung und Engagement waren bei allen zu beobachten.

Wenn jemand zu weit in so einen Teufelskreis hineingerät, ist er womöglich nicht mehr in der Lage, sich selbst herauszuhelfen. Gut gemeinte Ratschläge von Freunden und der Familie, doch nicht so hart mit sich umzugehen, stoßen dann nur auf taube Ohren genauso wie alle Ermutigungen und positiven Feedbacks. Denn die Betroffenen glauben, dass nur sie verstehen, wie viel man »in Wirklichkeit« von ihnen erwartet. Und wie groß und schwarz das Loch des eigenen Unvermögens ist.

In so einer Situation sind Ratgeber zum Selbst-Coaching vermutlich nicht ausreichend. Falls die Möglichkeit besteht, dass Ihre mentale und körperliche Situation kritisch sein könnte, möchte ich Ihnen raten, sich professionelle Unterstützung zu holen. Wenn Ihnen die Werkzeuge in diesem und im nächsten Kapitel nicht weiterhelfen, liegt das ganz sicher nicht an Ihren Fähigkeiten oder

Ihrer Persönlichkeit. Sondern es kann ein Warnsignal sein, dass Sie nicht mehr genug Abstand zu sich selbst und Ihren Gedanken und Gefühlen haben, um sich selbst an die Hand zu nehmen.

Eine Schlussfolgerung wie »Ich bin eben ein hoffnungsloser Fall« wird dann niemandem gerecht und ist ganz sicher kompletter Unsinn!

Bitte lassen Sie es nicht so weit kommen, dass eine Krise zu einer körperlichen und/oder psychischen Erkrankung führt. Suchen Sie sich dann lieber rechtzeitig Unterstützung bei einem Psychologen oder Arzt.

7. Kapitel
Fünf Schritte auf dem Weg zum inneren Kompass

Jetzt geht es also um Ihren inneren Kompass. Im letzten Kapitel habe ich dargestellt, wie Sie einen kühlen Kopf bewahren und erwachsen bleiben können, wenn Ihr kleiner Perfektionist Ihnen ins Steuer greift.

Ein gutes mentales Selbstmanagement allein reicht aber nicht aus. Wenn nämlich bisher unser kleiner Perfektionist in unseren Köpfen das Kommando hatte, haben wir wahrscheinlich nur seine schwarz-weißen Messlatten in unserem Werkzeugkasten. Die aber waren bisher untauglich und werden uns auch in Zukunft nicht weiterhelfen – wir brauchen also neue, differenziertere Messlatten und unsere eigenen Vorstellungen, an denen wir uns orientieren können.

Am Ende dieses Kapitels werde ich Sie deshalb bitten, Ihre GUTEN REGELN zu formulieren, die Sie in Ihren Alltag mitnehmen und zukünftig überall dort anwenden können, wo bisher Ihr kleiner Perfektionist bestimmte, wie es zu laufen hatte.

Um Ihnen diese Aufgabe zu erleichtern, habe ich den Weg dorthin in fünf Schritte unterteilt. Jeder davon beschäftigt sich mit einem wichtigen Aspekt des inneren Kompasses:

1. Schritt: wie Sie selbstfürsorglich denken
2. Schritt: Ihre Definition von Erfolg
3. Schritt: Ihre Ziele für die Zukunft
4. Schritt: ein kluger Umgang mit Erwartungen
5. Schritt: Ihre guten Regeln und Messlatten

Sind Sie so weit? Dann starten wir jetzt in den Endspurt:

1. Schritt:
So sorgen Sie für mehr Selbstfürsorge

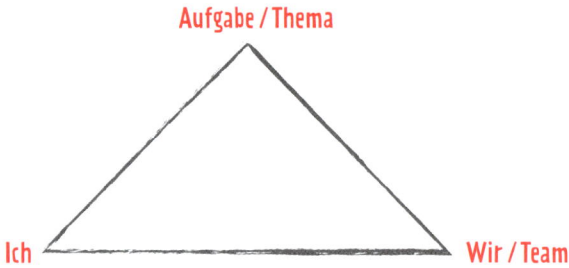

Haben Sie dieses Dreieck schon einmal gesehen? Es stammt aus der THEMEN-ZENTRIERTEN INTERAKTION der Psychologin RUTH COHN und beschreibt eigentlich das Miteinander von Menschen in Gruppen. Wir können es aber auch als Modell für unsere Prioritäten betrachten. Ich verwende es im Coaching hauptsächlich, um die Balance im Job zu verdeutlichen – es passt aber auch für unsere privaten Prioritäten.

Generell sollte meine Aufmerksamkeit gleichermaßen
- meinen eigenen Bedürfnissen und Anliegen,
- der Aufgabe oder dem Thema, um das es gerade geht, sowie
- den Bedürfnissen und Anliegen aller anderen Beteiligten

gelten. Nur so kann ich im Zusammensein mit anderen auf Dauer gesund und zufrieden leben. Und ich kann auch nur dann einen guten Job machen, wenn ich meine Aufgaben, meine Mitstreiter und mich selbst im Blick habe. Klar, für kurze Zeit ist es manchmal notwendig und okay, sich ganz auf ein wichtiges Projekt oder einen anderen Menschen zu konzentrieren. Aber dies sollte nicht der Normalzustand sein, weil wir sonst mit unseren Zielen und Bedürfnissen unter die Räder kommen. Eigentlich logisch, oder?

Sobald wir uns aber von unserem kleinen Perfektionisten steuern lassen, verschieben sich unsere Prioritäten und unsere Aufmerksamkeit. Die Konsequenz sieht dann ungefähr so aus:

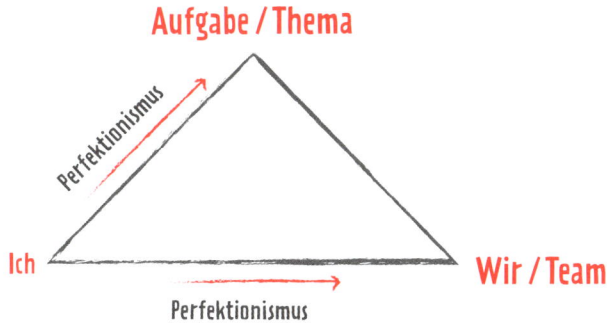

Wir haben jetzt nur noch Augen für unsere Aufgabe oder das Thema, um das es gerade geht. Gleichzeitig konzentrieren wir uns wahrscheinlich darauf, wie andere uns sehen und welche Erwartungen sie an uns haben mögen.

Was wir aber höchstwahrscheinlich überhaupt nicht beachten: uns selbst. Natürlich nicht, denn unsere Gedanken drehen sich im Perfektionismus-Modus ja ausschließlich darum, was wir leisten und wie gut wir sind. Fragen wie:
- Wie geht es mir dabei?
- Was sind meine Bedürfnisse und Wünsche?
- Was überfordert mich, wo ist meine Grenze?

- Was ist mir wichtig?
- Was würde mein Leben bereichern und mich zufriedener machen?
- Was schadet mir womöglich?

spielen dann kaum eine Rolle. Was auch kein Wunder ist, weil ja meistens Ängste die Antreiber unserer kleinen Perfektionisten sind. Und wenn man etwas Schreckliches befürchtet, spielen Befindlichkeiten und Bedürfnisse natürlich nicht die erste Geige. Für kleine Perfektionisten ist die Welt schließlich ein höchst gefährlicher Ort! Wer denkt schon an Belanglosigkeiten wie sich selbst, wenn es ums Überleben geht?

Daher ist für Menschen, die ständig viel zu viel von sich erwarten, ein Fremdwort, was für unsere Lebenszufriedenheit extrem wichtig ist: unsere

Selbstfürsorge

Haben Sie diesen Begriff schon einmal gehört? Es würde mich nicht wundern, falls nicht. Fürsorge für ANDERE Menschen, für Freunde, Kinder, Eltern, Partner, Kollegen oder den Hund? Die hat wahrscheinlich fast jeder im Repertoire. Aber uns selbst gegenüber? Dass wir für uns selbst gar eine FÜRSORGEPFLICHT haben? Erzählen Sie das mal einem eingefleischten Perfektionisten! Ich vermute, er wird Sie anschauen, als hätten Sie etwas Unsittliches von sich gegeben.

»Dienst ist Dienst, und Schnaps ist Schnaps«, hat meine Oma immer gesagt. Selbstfürsorge fällt für viele Menschen eindeutig unter die Kategorie »Schnaps«.

Ist mein Dreieck zuungunsten meines Ichs im Ungleichgewicht, ist das nicht nur ein Zufriedenheitskiller und schadet meiner Gesundheit – im Job ist es außerdem ausgesprochen UNPROFESSIONELL! Wenn ich dies einem überengagierten Menschen ins Gesicht sage, stoße ich meistens auf Empörung: *Wie bitte, ich soll unprofessionell sein? Ich reiße mir für meinen Job doch den Allerwertesten auf!*

Genau deshalb. Weil Ihr Verhalten und Ihre Haltung nicht nachhaltig sind. Wie ein Autofahrer, der stundenlang viel zu schnell auf der linken Spur brettert, bis der Tank leer ist.

Das Dreieck ist übrigens auch dann nicht im Gleichgewicht, wenn jemand total darauf fokussiert ist, den perfekten Körper haben oder der perfekte Vater oder die perfekte Partnerin sein zu müssen. Denn auch so werden das eigene Wohlbefinden und Glück vernachlässigt.

Sie ahnen wahrscheinlich, welche Frage jetzt auf Sie zukommt:

Wie sehen Ihre Dreiecke aus?

In unterschiedlichen Lebensbereichen können unsere Prioritäts-Dreiecke ganz unterschiedlich ausfallen. In welchen Bereichen ist es bei Ihnen verzerrt? Wo spielt Ihre Selbstfürsorge eine viel zu kleine Rolle – wo kommen Sie mit Ihren Wünschen und Bedürfnissen meistens zu kurz? Und wo unterstützen Sie so Ihren inneren Perfektionisten?

Falls Sie diese Fragen nicht spontan beantworten können, möchte ich Ihnen folgendes Experiment vorschlagen:

Achten Sie eine ganze (Arbeits-)Woche darauf, in welchen Situationen Sie nicht ausreichend an sich selbst, Ihre Gesundheit und Ihre eigenen Bedürfnisse und Ziele denken. Wo vernachlässigen Sie sich? Halten Sie bitte Ihre Beobachtungen unbedingt schriftlich fest.

Sollten Sie zu dem Schluss kommen, dass Sie aufmerksamer mit sich selbst sein möchten, schlage ich Ihnen folgende Übung vor:

Ich-Reminder für mehr Selbstfürsorge

Überlegen Sie bitte zuerst, in welchen Situationen und Lebensbereichen Sie stärker auf sich achtgeben wollen: Generell im Job? Ihren Kollegen oder dem Chef gegenüber? Oder wenn es um Ihre Gesundheit geht?

Wo kommen Sie bisher zu kurz, wann denken Sie so wenig an sich selbst? Das sind jetzt Ihre Baustellen, die Sie bitte hier notieren. Überlegen Sie sich dann, was genau Sie in Zukunft anders machen möchten. Wie wollen Sie sich mehr ins Spiel bringen oder auf sich achten?

1. Baustelle:	To do:
2. Baustelle:	To do:
3. Baustelle:	To do:

Fallen Ihnen nicht sofort Antworten ein, sollten Sie sich dafür etwas Zeit nehmen. Denn wenn Sie nicht wissen, wie Sie es besser machen wollen, können Sie es auch nicht tun, klar.

Meinen Klienten drücke ich gern eine Ich-Karte in die Hand – eine kleine Pappkarte, auf der »ICH« steht, die sie im Alltag möglichst immer bei sich tragen sollen. Wenn möglich sichtbar, sonst in der Tasche. Diese Karte soll sie daran erinnern, an sich selbst und ihre »Ich-Baustellen« zu denken – und sie ist eine sehr gute »Perfektionismus-Prophylaxe«!

Mögen Sie das auch mal ausprobieren?

Immer wenn Sie dann realisieren, dass Ihre eigenen Gedanken, Wünsche oder Bedürfnisse Rückenwind brauchen, nehmen Sie sich bitte zwei oder drei Minuten Zeit: Unterbrechen Sie, was Sie in diesem Moment tun, atmen ein paar Mal durch und fragen sich dann, was Sie gerade brauchen. Das kann eine Pause oder etwas zu essen sein. Oder Sie stellen fest, dass Sie etwas auf der Seele haben, das ausgesprochen werden will.

So eine kleine Ich-Karte mag banal erscheinen, sie kann aber wirklich eine große Wirkung haben, wenn Sie dadurch mehr ins Spiel kommen und selbstfürsorglicher mit sich sein können. Und einige Minuten Zeit finden Sie dafür ganz sicher. An stressigen Tagen, an denen Sie sich sonst komplett verlieren würden, benötigen Sie dafür vielleicht die WSP-Technik.

Sie können als Erinnerungshilfe natürlich auch etwas anderes als eine Karte verwenden. Hauptsache, Sie werden daran erinnert, dass Sie, Ihre Wünsche und Bedürfnisse IMMER Teil des Ganzen sind.

Übrigens: Womöglich stellen Sie fest, dass Sie Ihre Freunde, Familie und Kollegen so »erzogen« haben, Sie zu übergehen. Kümmern Sie sich vielleicht um die Sorgen aller anderen, ohne je Ihre eigenen zu erwähnen? Lobt man Sie als guter Zuhörer, ohne allzu viel Interesse daran zu haben, was Sie zu erzählen haben? Wird alles, das Sie zu geben haben, ganz selbstverständlich genommen – und Sie gehen meistens leer aus? Dann wird es wohl höchste Zeit, dass Sie sich ins Spiel bringen!

2. Schritt:
So definieren Sie Ihre Erfolgsstory

Ich will auf jeden Fall erfolgreich sein! Dafür gehe ich auch immer die Extrameile und stelle mich jeder Challenge!
Das ist Ihre Erfolgsstrategie?
Genau, man muss hundertprozentig bereit sein, sich voll reinzuhängen und immer sein Bestes zu geben. Und darf sich nie zufriedengeben!
Finden Sie es wirklich sinnvoll, nie zufrieden zu sein?
Na klar. Denken Sie doch nur mal an den Ex-Boss dieses Autokonzerns, der sich um jedes noch so kleine Detail eines neuen Modells kümmerte und nie zufrieden war. So wird man erfolgreich!
Braucht es aber nicht mehr als nur Perfektion, um erfolgreiche Autos zu bauen?
Leidenschaft! Mit Leidenschaft und Perfektionismus schafft man alles!

Mark Twain hat einmal gesagt: »Nachdem wir unser Ziel endgültig aus den Augen verloren hatten, verdoppelten wir unsere Anstrengungen.« Nur meinte es Herr Twain damit wohl nicht ganz so ernst wie mancher Zeitgenosse, der ständig auf der Überholspur unterwegs ist.

Mit dem Erfolg ist es so eine Sache. Während einigen Menschen jedes Streben nach Erfolg verdächtig ist, wollen andere auf Teufel komm raus erfolgreich sein. Viele wissen allerdings gar nicht, was sie damit überhaupt meinen. Ich bin nicht selten überrascht, wenn Menschen mir erklären, was sie unter Erfolg verstehen: ein hohes Gehalt mit fettem Bonus, viel Verantwortung, eine Führungsposition und einen großen Dienstwagen – damit hat man es geschafft und ist erfolgreich.

Wenn jemand wirklich davon überzeugt ist, ist das natürlich okay. Aber bei den meisten erscheinen mir solche Aussagen weder durchdacht noch wirklich erwachsen zu sein. Sondern eher wie ein »billiger Ersatz von der Stange«, wenn eigene Vorstellungen davon fehlen, was man im Beruf und Leben erreichen möchte. Dann strebt man eben einfach MEHR an.

Wenn Menschen sich unsicher sind, was ein erfolgreiches Leben für sie persönlich bedeutet, stelle ich ihnen die einfache Frage:

Auf welches (Berufs-)Leben möchten Sie denn eines fernen Tages stolz und zufrieden zurückblicken?

Noch nie hat mir jemand geantwortet: »Ich möchte dann sagen können, ich war immer ganz vorn dabei und habe alles richtig gemacht!« Na ja, vielleicht denkt so der kleine Perfektionist in unseren Köpfen. Aber der ist ja auch noch Kind.

Haben Sie vielleicht bisher Ihrem kleinen Perfektionisten überlassen, Ihnen zu erklären, wie Sie erfolgreich sein MÜSSEN? Dann möchte ich Ihnen jetzt ans Herz legen, die Sache mal etwas differenzierter zu betrachten. Und Ihre eigenen Vorstellungen davon zu entwickeln, wie Sie erfolgreich sein WOLLEN.

Sonst laufen Sie womöglich lebenslang einer Karotte hinterher – obwohl Sie Karotten gar nicht mögen ...

Wer ist erfolgreich?

Eine Frage zum Warmwerden: Wer fällt Ihnen spontan ein, wenn Sie an erfolgreiche Menschen denken? Politiker, Unternehmer, Künstler? Jemand aus Ihrem Bekanntenkreis? Notieren Sie bitte mindestens drei Namen, die Ihnen spontan einfallen:

Fragen Sie sich anschließend bitte: Was macht diese Menschen in Ihren Augen so erfolgreich?

Jetzt wird es vielleicht etwas schwieriger, denn es geht um:

Ihre Erfolge

Welche großen oder kleinen Erfolge haben Sie in der letzten Zeit erlebt?

Denken Sie womöglich spontan: *Aber ich bin doch überhaupt nicht erfolgreich!?* Vielen Menschen kommt nämlich zuerst so ein negativer Glaubenssatz in den Sinn. Schaut man aber genauer hin, entdeckt man wirklich IMMER Erfolge! Meistens sind nur viel zu hohe Messlatten dafür verantwortlich, wenn jemand meint, gar nicht erfolgreich zu sein.

Lassen Sie sich bitte nicht von Ihrem kleinen Perfektionisten davon abhalten, sich mit dieser Frage zu beschäftigen. Wichtig ist doch vor allem, dass SIE etwas als Erfolg verbuchen – ganz egal, wie andere Leute das sehen mögen, oder?

Auch wenn es Ihnen schwerfallen oder sich peinlich anfühlen sollte, notieren Sie mindestens drei Erfolge.

Ihre eigenen Vorstellungen von einem erfolgreichen Leben sind ein wichtiger Teil Ihres inneren Kompasses. Auch wenn wir dieses Thema hier nur kurz antippen können, möchte ich Sie zum Schluss dieses Schritts bitten zu notieren, was Ihnen dazu in den Sinn kommt.

Wie möchten Sie in Zukunft erfolgreich sein?

Was bedeutet – beruflicher und privater – Erfolg für Sie persönlich? Wie möchten Sie erfolgreich sein?

Ist das schwierig? Vielleicht hilft es Ihnen, wenn Sie überlegen, wie Sie bisher größere berufliche und private Entscheidungen getroffen haben. Woran haben Sie sich dabei orientiert, was war Ihnen wichtig? Und was wollten Sie damit möglichst erreichen?

Wenn Sie den Eindruck haben, dass Sie sich mit diesem Thema zu wenig auseinandergesetzt haben, möchte ich Sie ermutigen, es weiterzuverfolgen. Besonders dann, wenn Sie bisher Ihrem kleinen Perfektionisten geglaubt haben, dass Anstrengung automatisch zum Erfolg führt.

Was uns erfolgreich macht – das ist meine Überzeugung – ist nicht Perfektionsstreben oder bedingungsloses Engagement, sondern der Mut, das eigene Ding zu machen und dem eigenen Kompass zu folgen.

Ich habe durch meine Arbeit schon eine Menge Menschen getroffen, die glaubten, dass jede große Anstrengung irgendwann belohnt wird. Sie stellten ihre eigenen Interessen zurück, versuchten, stets alles richtig zu machen, waren die Letzten, die im Büro das Licht löschten, oder opferten sich für Familie oder Partner. Das ist weder ein Erfolgsrezept für die Karriere noch für glückliche Beziehungen.

Ein Mensch, der keine eigenen Vorstellungen davon hat, wie er erfolgreich sein will und kann, neigt viel mehr zum Perfektionismus als jemand, der genau weiß, was er will. Die Messlatte einfach nur schön hoch zu legen und viel zu hohe Erwartungen an sich selbst zu kultivieren, ist ganz sicher alles andere als ZIELFÜHREND.

Womit wir direkt zum nächsten Schritt kommen:

3. Schritt:
So zielen Sie richtig!

Unsere Vorstellungen von Erfolg sind eng verknüpft mit unseren persönlichen Zielen. Erfolgreich bin ich, wenn ich weiß, wohin ich will, und mich in diese Richtung bewege. Wer aber vermeidet, über seine Erfolge und Erfolgswünsche nachzudenken, dem fällt es schwerer, eigene Ziele zu definieren.

Die Konsequenz: Jemand ohne eigene Ziele unterstützt häufig Menschen, die Ziele haben! Er arbeitet beispielsweise für DEREN Ziele oder hilft dem Partner oder den Kindern dabei, IHRE Ziele zu erreichen.

Je bewusster mir ist, wohin ich mich – privat und beruflich – entwickeln möchte, desto stärker konzentriere ich mich auf Mittel und Wege, die mich dorthin führen. Klarheit über eigene Ziele ist eine sehr gute Immunisierung gegen das »Schneller-höher-weiter« unserer kleinen Perfektionisten! Wenn ich nämlich weiß, was und wohin ich will, gebe ich mich kaum damit zufrieden, immer nur alles richtig zu machen.

Es ist ein riesiger Unterschied, ob ich mich für meine Ziele ins Zeug lege – oder ob ich mich nur anstrenge, um Scheitern und Kritik zu vermeiden!

Ob ich auch bekomme, was ich mir wünsche, ist abhängig davon, wie »gut« meine Ziele sind. Beschließe ich beispielsweise, im nächsten Jahr »viel mehr Sport zu machen«, ist das kein so dolles Ziel. Weil es viel zu ungenau ist und mir nicht dabei hilft, meinen inneren Schweinehund zu überwinden.

Für gute Ziele gibt es die sogenannte SMART-FORMEL, von der Sie vielleicht schon gehört haben. SMARTE Ziele sind:

spezifisch
messbar
attraktiv
realistisch
terminiert

SMART ist beispielsweise: *Ich jogge ab sofort dienstags und freitags morgens um 8 Uhr, beginne mit zehn Minuten und steigere mich langsam, sodass ich Spaß daran habe. Bis zum 31. März laufe ich eine Stunde ohne Pause.*

Wenn mein kleiner Perfektionist das Ziel vorgibt, klingt es wahrscheinlich eher so: *Ab sofort stehst du jeden Tag um 7 auf und läufst eine Stunde. Das wirst du ja wohl hinkriegen. Und wenn du schon dabei bist, machst du hinterher noch 50 Liegestütze.* Das klingt ein bisschen weniger motivierend, oder? Und selbst wenn ich mich tatsächlich um 7 Uhr aufraffe und losrenne, wird er von mir bestimmt verlangen, noch schneller zu laufen und mich gefälligst mehr anzustrengen. Das ist natürlich alles andere als SMART.

Ein Tipp:

Angenommen, Sie sind sich nicht sicher, ob Ihr Denken gerade perfektionistisch ist oder sorgfältig und qualitätsbewusst. Dann brauchen Sie sich nur zu fragen, welche Ziele Sie damit verfolgen – und ob diese wirklich SMART sind. Zum Beispiel:

Was ich morgen im Meeting präsentiere, muss unbedingt alle überzeugen und darf keine Fehler enthalten! → gar nicht SMART.

Ich werde morgen meinen Mitarbeitern einen kurzen Überblick zum Stand meines Projekts geben, mir dafür fünf Minuten nehmen und die fünf wichtigsten Punkte erläutern. → klar und SMART!

Wie geht es Ihnen bei dem Gedanken, dass es jetzt um IHRE Ziele geht? Alles easy? Oder grummelt es dabei in Ihrem Bauch?

Ich treffe viele Menschen, für die es selbstverständlich ist, im Job sehr zielgerichtet zu arbeiten, jedenfalls solange andere die Ziele vorgeben. Wenn es aber um ihre eigenen Ziele geht, sind sie schnell ratlos. Sollte es Ihnen auch so gehen, möchte ich Ihnen ans Herz legen, sich ab sofort mehr um Ihre Ziele zu kümmern.

Keine Sorge, Sie müssen ja nicht gleich Ihr ganzes Leben durchplanen. Es wäre doch schon eine gute Sache, wenn Sie beginnen, zielgerichteter in eigener Sache zu denken, oder? Als Anregung dazu soll dieser 3. Schritt helfen.

Unter Zielen verstehe ich nicht unbedingt riesige Vorhaben. Gerade für Menschen, die unter ihrem Perfektionismus leiden, sind kurzfristige, abgegrenzte Ziele besonders hilfreich wie zum Beispiel:

- Ich mache zweimal in der Woche um 18.00 Uhr Feierabend.
- Ich kläre heute bei jeder Aufgabe, wie hoch mein Anspruch dabei ist.
- Ich nehme mir in dieser Woche täglich drei kurze Pausen, um meine »Ich-Karte« zu checken.

Bitte nehmen Sie sich jetzt etwas Zeit, um erst einmal spontan über Ihre kurz-, mittel- und langfristigen Ziele nachzudenken. Vielleicht konzentrieren Sie sich dabei auf Bereiche, in denen bisher Ihr kleiner Perfektionist das Kommando hatte?

Es geht jetzt wirklich nicht darum, eine perfekte Zielplanung zu erstellen. Gehen Sie die Aufgabe möglichst spielerisch an und schauen mal, welche Gedanken Ihnen dazu in den Sinn kommen, okay?

kurzfristige Ziele

Was möchten Sie in den *nächsten vier Wochen erreichen* (um sich ein bisschen unabhängiger von Ihrem kleinen Perfektionisten zu machen)?

mittelfristige Ziele

Was können Sie wohl *innerhalb dieses Jahres* erreichen (um sich mehr an Ihrem eigenen Kompass zu orientieren)?

langfristige Ziele

Wenn Sie sich Ihr Leben *in zwanzig Jahren* vorstellen: Was möchten Sie sich bis dahin geschaffen und geschafft haben?

Sollten Sie bei diesem Thema feststellen, dass es hier für Sie eine Menge Nachholbedarf und viel zu gewinnen gibt, möchte ich Ihnen raten, sich damit intensiver zu befassen. Möchten Sie Ihre Ziele weiterentwickeln und genauer formulieren? Dann hängen Sie sich zu Hause doch ein größeres Blatt Papier gut sichtbar an einer Wand oder Tür auf. Notieren Sie darauf alle ganz kleinen bis sehr großen Ziele, Wünsche und Träume, die Ihnen in den nächsten Tagen und Wochen in den Sinn kommen.

Sortieren Sie anschließend Ihre Ergebnisse in kurz-, mittel- und langfristige Ziele – und bemühen Sie sich dann, sie möglichst SMART zu formulieren.

4. Schritt:
So gehen Sie klug mit Erwartungen um.

»Sie haben gut reden! Man soll ständig an sich selbst und seine eigenen Ziele denken? Wie soll denn das gehen, wenn man so sehr unter Druck steht wie ich? Mein Chef erwartet von mir 120 Prozent Einsatz, und meine lieben Kollegen laden andauernd Arbeit bei mir ab, für die ich ja eigentlich gar nicht zuständig bin. Und

für meine Partnerin und die Kinder muss ich schließlich auch noch da sein …«
Tja, das klingt wirklich aussichtslos. Bleibt also nur, noch etwas schneller im Hamsterrad zu rennen?

Wenn Menschen darüber klagen, den Erwartungen ihrer Mitmenschen nicht gerecht werden zu können, bitte ich sie, mit mir gemeinsam genauer hinzuschauen:

- Wer erwartet genau was?
- Welche Erwartungen sind eindeutig und werden ausgesprochen?
- Und welche beruhen vor allem auf Vermutungen?
- Welche Erwartungen sind berechtigt und welche nicht?

Das Resultat ist häufig: Ein großer Teil der vermeintlichen Erwartungen findet in den Köpfen der Menschen statt. Im Job liegt die Ursache dafür oft in unklaren Aussagen und Aufgaben. Wer sich dann nicht traut nachzuhaken, sondern lieber versucht, im vorauseilenden Gehorsam jeder denkbaren Erwartung gerecht zu werden, findet sich natürlich schnell im Hamsterrad wieder.

Viele Führungskräfte arbeiten – bewusst oder unbewusst – mit schwammigen Ansagen und überlassen es ihren Mitarbeitern, damit umzugehen. Die einen fragen nach und drängen auf Klärung, andere lassen sich dadurch unter Druck setzen. Und warum sollte der Chef auch einen Mitarbeiter bremsen, der stets so schön auf Volldampf läuft?

Dass Menschen sich bemühen, unausgesprochenen Erwartungen gerecht zu werden, gibt es natürlich nicht nur in der Arbeitswelt, sondern auch im Privatleben. Und wie wir schon beim Test im dritten Kapitel gesehen haben, spielen solche Erwartungen oft eine Rolle, wenn jemand zum Perfektionismus neigt. Trotzdem drücken sich viele davor, unklare oder vermutete Erwartungen zu klären. Warum?

Weil unser kleiner Perfektionist ja schon so lange zu wissen glaubt, was Eltern, Kinder, Nachbarn, Freunde, Kollegen oder der Chef von uns erwarten. Und meint, diesen Erwartungen unbedingt entsprechen zu müssen. Weil er ja sonst vielleicht bestraft oder nicht mehr geliebt wird -– so wie ein Kind eben denkt. Dass wir eigentlich gar nicht so genau wissen, was andere WOLLEN, oder ob wir diese vermeintlichen Erwartungen überhaupt erfüllen wollen, spielt für ihn keine Rolle.

Wie sieht es bei Ihnen aus: Bringen Sie die Erwartungen Ihrer Umwelt auch häufig dazu, alles richtig und jedem alles recht machen zu müssen? Bezieht sich vielleicht Ihr Perfektionismus-Marker auf Erwartungen anderer?

Wenn das Hamsterrad droht, gibt es zuerst nur eines: WSP – stoppen, durchatmen, sich aufrichten und wieder eine erwachsene Haltung einnehmen! Um dann in Ruhe zu hinterfragen, was es mit diesen Erwartungen auf sich hat.

Hier geht es jetzt darum, Erwartungen zu überprüfen, die bei Ihnen bisher eine wichtige Rolle spielten – insbesondere in Bezug auf Ihren kleinen Perfektionisten. Im dritten Kapitel haben Sie sich ja schon mit dem Thema beschäftigt. Was Sie dort notiert haben, können Sie gleich nutzen:

Erwartungs-Check

Welche Menschen haben welche Erwartungen an Sie, die Sie häufig unter Stress setzen und zum Perfektionismus verleiten?

- Notieren Sie alle Namen, die Ihnen einfallen, in der ersten Spalte.
- Fragen Sie sich dann, was genau jeder wohl von Ihnen erwartet – oder besser: welche Erwartungen Sie immer wieder vermuten.
- Wenn Sie dann erwachsen und mit Abstand auf jede dieser Erwartungen schauen: Wie real erscheinen sie Ihnen? Denken Sie wirklich, dass Person XY dies von Ihnen erwartet?

Überlegen Sie anschließend, wie Sie in Zukunft mit jeder der Erwartungen umgehen möchten. Welche wollen Sie klären? Welche ignorieren? Welchen weiterhin entsprechen? Zum Beispiel:

Mein Chef erwartet, dass ich pünktlich um 8.30 Uhr zur Arbeit erscheine.

Das klingt realistisch. Für den Fall, dass ich zweimal in der Woche erst um 9.00 Uhr kommen kann, weil ich mein Kind vorher in die Kita bringen muss, sollte ich das mit ihm offen verhandeln.

Mein Chef erwartet von mir, dass ich als gutes Beispiel immer als Letzter das Büro verlasse und meine Ergebnisse besser sind als die meiner Kollegen.

Hat er das offen von mir verlangt? Was würde geschehen, wenn ich mal früher als die anderen ginge oder meine Ansprüche an mich etwas senkte? Möchte ich das mal ausprobieren?

Wer …	erwartet was von mir?	Wie real ist das?	Wie will ich in Zukunft damit umgehen?

Wenn Sie sich entschieden haben, wie Sie in Zukunft mit den Erwartungen Ihrer Mitmenschen umgehen wollen, beginnt der eigentlich herausfordernde Teil. Denn nun heißt es: raus aus der Komfortzone und machen! Anfangs ist es bestimmt nicht ganz leicht und erfordert etwas Mut – nachzufragen, was jemand genau von Ihnen möchte, oder nicht mehr jeder Erwartung automatisch zu entsprechen. Auch mal Nein zu sagen und auszuhalten, wenn der kleine Perfektionist in Ihnen sehr laut wird.

Vielleicht gehört dies auf die Liste Ihrer neuen Regeln und Messlatten?

5. Schritt:
Gute Regeln und kluge Messlatten für die Zukunft

Dieser Schritt ist der letzte, mit dem Sie auch die Arbeit mit diesem Buch abschließen. Jetzt geht es darum zu entscheiden, was Sie sich konkret mit in Ihren Alltag nehmen möchten.

Vielleicht denken Sie, dass es doch reicht und Sie schon genug aufgeschrieben und sich vorgenommen haben? Das könnte ich gut verstehen. Allerdings wissen wir alle, wie schnell wir auch die allerbesten Vorsätze und Pläne aus den Augen verlieren. Unsere grauen Zellen halten sich ja nur zu gern an das vermeintlich Bewährte – und brauchen Zeit und viel Übung, bis sie neues Denken und Handeln wirklich in ihr Repertoire aufnehmen.

Außerdem wird sich Ihr kleiner Perfektionist bestimmt gewaltig anstrengen, damit Sie schnell alles vergessen, was Sie hier gelernt haben, und ihm wieder das Kommando überlassen!

Je klarer Sie mit sich und Ihren Vorsätzen sind, desto größer ist die Chance, dass Sie sich trotzdem das Steuer nicht mehr aus der Hand nehmen lassen. Dann wird auch der kleine Perfektionist verstehen, dass jetzt ein anderer Wind weht und er sich darauf verlassen kann, dass ein Erwachsener in Zukunft seinen Ex-Job macht. Die letzte Aufgabe besteht darin, auf den Punkt zu bringen, welche Vor- und Leitsätze Sie sich mitnehmen wollen. Wie ein VERTRAG, den Sie mit sich selbst schließen. Ob Sie darin drei oder zehn Punkte auflisten, liegt ganz bei Ihnen. Vielleicht ist es auch nur ein Vorhaben, das Ihnen besonders am Herzen liegt.

Das Ziel dieses letzten Schritts ist also eine Sammlung Ihrer GUTEN REGELN, an die Sie sich in Zukunft halten möchten. Bevor Sie zur Tat schreiten, habe ich dazu noch ein paar Hinweise für Sie:

Gut anstatt perfekt

Ab sofort wird es darum gehen, Ihre Aufgaben GUT zu machen und Ihr Leben GUT zu leben. Und nicht mehr auf Teufel komm raus PERFEKT oder NOCH EIN BISSCHEN BESSER! Ich möchte Ihnen ans Herz legen, sich in Zukunft so anzustrengen und zu engagieren, wie es Ihnen sinnvoll erscheint und Ihnen möglich ist, ohne sich zu sehr zu verausgaben.

Wo bisher Ihr kleiner Perfektionist für Ihre Messlatten verantwortlich war, sollten Sie diesen Job ab jetzt ausnahmslos selbst übernehmen. Natürlich dürfen und werden Sie weiterhin Zweifel und Ängste haben – aber die sollten nicht mehr Ihre Antreiber sein. Und selbstverständlich können Sie weiterhin sorgfältig, qualitätsbewusst und ambitioniert sein. Aber bitte immer mit Blick auf Ihre eigenen Ziele, Bedürfnisse und Ressourcen.

Sie dürfen Fehler machen

Fehler? Dieser Gedanke erscheint Ihrem kleinen Perfektionisten wahrscheinlich ungeheuerlich! Aber unter uns Erwachsenen wissen wir, dass wir nicht gut sein und uns nicht weiterentwickeln können, wenn wir jedes Risiko des Scheiterns auszuschließen versuchen.

Auch wenn es vielleicht noch schmerzt: Sie werden Fehler machen wie alle anderen Menschen, werden manchmal auf die Nase fallen und scheitern und dafür auch mal Kritik einstecken müssen. Das ist leider unvermeidbar. Und völlig okay – solange Sie ERWACHSEN scheitern, sich dafür also nicht runterputzen und an Ihrem Wert zweifeln. Fehler zu machen, ist ja lange nicht so schlimm wie die Angst davor und vor den fantasierten Konsequenzen.

Und: Hundertprozentige Sicherheit GIBT es nicht!

Gute Messlatten

Was Sie in Zukunft auf jeden Fall brauchen werden, sind gute Messlatten. Also nicht mehr die des kleinen Perfektionisten, die nur PERFEKT und REICHT NICHT kennt. Je größer der Einfluss Ihres Perfektionisten bisher war, desto anspruchsvoller wird es sein, mit neuen Messlatten zu arbeiten, auf denen es zum Beispiel auch 50 und 80 Prozent gibt. Es wird wahrscheinlich einige Zeit dauern, bis Sie auch mit »suboptimalen Ergebnissen« entspannt leben können.

Gute Messlatten sind immer die EIGENEN. Sie wissen ja schon: Die Erwartungen anderer – ob angemessen oder nicht – sollten niemals ungefiltert Ihr Denken und Handeln bestimmen. Auch wenn andere Menschen Ihnen Aufgaben stellen oder Wünsche formulieren, brauchen Sie Ihre eigenen Vorstellungen davon, wie Sie mit ihnen umgehen möchten.

Ein Trick

Wenn jemand unsicher ist, wie viel er von sich selbst erwarten will oder sollte, rate ich ihm, sich zu fragen: Was würde er von ANDEREN Menschen, den Kollegen oder Freunden in derselben Situation, erwarten und fordern? Und welche Kompromisse würde er bei ihnen okay finden?

Um passende Messlatten zu entwickeln und herauszufinden, wohin der eigene innere Kompass zeigt, sind solche Fragen sehr sinnvoll. Wie gesagt: Die meisten von uns sind mit sich selbst viel härter und fordernder, ja manchmal gnadenloser als mit anderen. Wenn es um andere Menschen geht, folgen wir eher unseren Werten und Überzeugungen als den eingeschliffenen Denkmustern unseres kleinen Perfektionisten.

Und was wir anderen nicht zumuten würden, sollten wir uns selbst auch nicht zumuten, oder?

Raus aus der Komfortzone!

Haben Sie kalte Füße bekommen? Befürchten Sie, dass Sie es nicht schaffen, klüger und fairer mit sich selbst umzugehen? Oder haben Sie Angst vor den möglichen Konsequenzen, wenn Sie nicht mehr bereit sind, immer alles hundertprozentig zu erledigen?

Das wäre nur allzu menschlich. Denn ich versuche Sie hier ja anzustiften, Ihre Komfortzone zu erweitern. So absurd es klingt: Unserem kleinen Perfektionisten zu folgen, macht uns zwar unzufrieden und womöglich sogar krank – aber es ist gleichzeitig komfortabel, weil wir so Ängsten aus dem Weg gehen und Veränderungen vermeiden.

Wenn Sie sich also entscheiden, sich in Zukunft vernünftiger zu managen und etwas netter zu sich zu sein, ist es ganz normal, dass dies erst mal Ängste in Ihnen auslöst. Die werden aber nachlassen, wenn Sie sich auf den Weg machen und neue, erwachsene Denk- und Handlungsweisen entwickeln.

Also trauen Sie sich bitte, sich auch Regeln zu geben, die nicht nur angenehme Gefühle auslösen!

Gute Regeln

So, jetzt ist es also so weit: Ich möchte Sie bitten, sich neue, gute Regeln zu geben, die Ihnen eine klügere Orientierung ermöglichen als die Forderungen Ihres kleinen Perfektionisten.

Am besten, Sie nehmen sich dafür eine ganze ungestörte Stunde. Bitte schauen Sie dann zuerst noch einmal quer durch das Buch und Ihre Notizen. Was davon erscheint Ihnen so wichtig, dass Sie es sich mitnehmen und in Ihre Regeln aufnehmen möchten? Vielleicht sammeln Sie erst einmal alles dazu in Ihrer Kladde und tragen dann in die Liste ein, was Sie sich wirklich vornehmen wollen.

Für welche Situationen und Themen brauchen Sie neue Denk- und Handlungsregeln, wo bisher Ihr Perfektionist den Ton angab?
- Im Job generell?
- Kollegen oder Vorgesetzten gegenüber?
- Geht es um bestimmte Aufgaben?
- Betrifft es Ihre Rolle als Eltern, Kind, Partner oder Freundin?
- Möchten Sie sich Ihren kleinen oder großen Zielen widmen, die bisher unter Ihrem Perfektionismus gelitten haben?

Einige Beispiele

Ich überlege bei jeder Aufgabe, was und wie viel ich erreichen will und kann.

Ich darf Nein sagen!

Ich nehme mir eine Stressskala von 0 bis 10 mit in den Job. Komme ich über 8, nutze ich die WSP-Technik und überlege dann, was am besten zu tun ist.

Ich kläre vor jedem Projekt, was genau ich dabei von mir selbst erwarte.

Ich nehme mir an jedem Arbeitstag 3 Auszeiten von 3 Minuten, um zu prüfen, wie es mir geht.

Ich sorge dafür, dass meine Ziele (auch kleinere Aufgaben!) SMART sind.

Ich entscheide, welchen Erwartungen ich entspreche und welchen nicht.

Ich habe die Karte für meinen kleinen Perfektionisten immer bei mir, um ihn im Blick zu haben.

Ich sorge dafür, dass ich ab sofort das Kommando habe – auch wenn mein kleiner Perfektionist noch so sehr meckert und zetert.

Ich achte darauf, ob ich *ich muss* oder *ich kann unmöglich* sage oder denke.

Bitte denken Sie daran: Je spezifischer/SMARTER Ihr Vorsatz, desto leichter wird Ihnen die Umsetzung fallen. Okay? Dann mal Butter bei die Fische:

Meine guten Regeln

Was halten Sie davon, Ihre Liste auf ein Blatt Papier zu übertragen und zu Hause gut sichtbar aufzuhängen? Kann nicht schaden, oder?

Tschüs

Dann sind wir also jetzt fertig. Sie mit dem Lesen und Nachdenken und ich mit dem Schreiben. Ist das Buch perfekt geworden? Selbstverständlich nicht – und das quält meinen kleinen Perfektionisten natürlich sehr. *Das musst du doch besser hinbekommen*, krakeelt er.

Aber ich lasse ihn krakeelen und gebe mich zufrieden mit dem Ergebnis – und ich hoffe, Sie sind es auch. Während ich mein Notebook jetzt zuklappen kann, geht Ihre Arbeit mit Ihrem kleinen Perfektionisten hoffentlich weiter und führt Sie zu einer immer entspannteren und klareren Haltung sich selbst und anderen gegenüber.

Ich persönlich finde die Vorstellung nicht allzu attraktiv, dass eines Tages auf meinem Grabstein steht:

»ER WAR STETS FLEISSIG, HAT IMMER 120 PROZENT GELEISTET, UND ALLE WAREN ZUFRIEDEN MIT IHM.«

Das Leben will schließlich gelebt und genossen werden – und nicht abgearbeitet. Dazu ist es doch viel zu schade, oder? Machen Sie's gut!

IHR
TOM DIESBROCK

PS: Auf meiner Website finden Sie mehr zu den Themen Perfektionismus und Selbstmanagement: www.tomdiesbrock.de

Den inneren Miesepeter verstehen

Tom Diesbrock
Hermann!
Vom klugen Umgang mit dem inneren Kritiker

Illustrationen von Frank Wowra

12 × 19 cm, 112 Seiten
gestaltet mit s/w Zeichnungen
Paperback
€ 9,90 [D] / € 10,20 [A]
ISBN 978-3-8436-1186-2

Hermann ist der innere Kritiker, den wir alle kennen. Er lässt kein gutes Haar an uns und nörgelt herum, wo er nur kann. Zum Davonlaufen! Doch Hermann läuft mit. Egal, was wir tun, wir werden ihn nicht los. Denn er ist ein Teil unserer Persönlichkeit, der uns »eigentlich« nur helfen will. Tom Diesbrock weiß, wie Hermann tickt, und er verrät uns, wie wir die Dauerkritik unseres inneren Miesepeters entschärfen können.

www.verlagsgruppe-patmos.de

Notizen